Orchideen
Zeichnungen von Franz Bauer

Franz Bauer in mittleren Jahren. Ölgemälde von einem unbekannten Künstler
(Royal Botanic Gardens, Kew)

ORCHIDEEN

Zeichnungen von
Franz Bauer

Joyce Stewart und William T. Stearn

Verlag Werner Dausien · Hanau

DANKSAGUNG

Autoren und Verlag danken Malcolm Beasley
und Julia Hickey von der Botanischen Bibliothek
des Natural History Museum, London, und
Dr. Helmut Rohlfing von der Universitätsbibliothek Göttingen für ihre hilfreiche Zusammenarbeit bei der Auswahl der Zeichnungen für dieses Buch.

Bildnachweis: Frontispiz, S. 6, 17: © Trustees of
The Royal Botanic Gardens, Kew, 1993
S. 55, 57, 59, 61, 73, 77, 83, 89, 109: © Nieder-
sächsische Staats- und Universitätsbibliothek,
Göttingen.
Alle übrigen Illustrationen: © Natural History
Museum, London

ORCHIDEEN
ZEICHNUNGEN VON FRANZ BAUER

Text von Joyce Stewart und
William T. Stearn
Übersetzung von Dr. Stephan Schneckenburger
© 1993 der Originalausgabe: The Orchid
Paintings of Franz Bauer: The Herbert Press,
London
Sämtliche Rechte einschließlich der Wiedergabe
durch Film, Funk, Fernsehen, fotomechanische
und andere Mittel sind — auch in Form von Aus-
zügen — The Herbert Press vorbehalten.
Printed in Hongkong
Deutsche Ausgabe © 1994
VERLAG WERNER DAUSIEN · HANAU
ISBN 3-7684-1408-6

Inhalt

25 · 4 · 34

Franz Bauer im 76. Lebensjahr. Zeichnung von W. Brockenden,
23. August 1834 (Royal Botanic Gardens, Kew)

Franz Bauer,
der erste botanische Künstler in Kew

ls Zeichner von Blumen wurde Franz (Francis) Bauer (1758-1840) nie so bekannt wie sein Zeitgenosse Pierre-Joseph Redouté (1759-1840), da nur ein sehr geringer Teil seiner Arbeiten jemals veröffentlicht wurde. Dennoch ist er neben seinem Bruder Ferdinand Bauer, James Sowerby, Sydenham Edwards, Pierre Turpin und Redouté höchst bedeutend in einer Blütezeit der botanischen Illustrationskunst.

Der vorliegende Band enthält fast alle seine Portraits von Orchideen, einer Familie, die ihn sowohl wegen der Vielgestaltigkeit und Komplexität der Blüten als auch wegen ihrer Schönheit anzog. Sie stellen nur einen, wenngleich charakteristischen und bedeutenden Teil seines künstlerischen Schaffens während der 50 Jahre dar, die er in Kew lebte. In den letzten 150 Jahren war dieses Werk in London und Göttingen verborgen und konnte demzufolge kaum gewürdigt werden.

Jedoch wurde das Werk Bauers stets von denen geschätzt, die Zugang zu ihm hatten. Der große deutsche botanische Bibliograph Georg August Pritzel (1815-74) untersuchte 1500 botanische Werke im Verlauf der Zusammenstellung seines monumentalen *Thesaurus Literaturae botanicae* (1847-52, zweite Auflage 1871-82) und seines gleichermaßen monumentalen *Iconum botanicarum Index locupletissimus* (1854-55). Seine besondere Aufmerksamkeit galt illustrierten Werken, wie sein *Index* der Abbildungen verdeutlicht. Kein anderer seiner Zeitgenossen kannte derartige Bücher so gut wie er und keiner war in der Lage, ihre Qualität besser zu beurteilen.

Diese umfassende Erfahrung verbirgt sich hinter dem Eintrag in seinem *Thesaurus:* 'Bauer, Franz, der grösste Pflanzenmaler'. Obwohl diese Kennzeichnung von Franz (später Francis) Andreas Bauer gegenüber seinem gleich begabten und wesentlich abenteuerlustigeren Bruder Ferdinand Lucas Bauer (1760-1826) ungerecht erscheint, pflichtete Wilfrid Blunt 1950 dem Urteil Pritzels bei. Er fügte weiter hinzu, daß 'die vergangenen 100 Jahre keinen Künstler des Formates eines dieser beiden brillanten Brüder hervorgebracht haben'. Seit 1950 haben nur wenige Künstler Arbeiten geschaffen, die deren Qualität erreichen. Claus Nissen (1901-76), Pritzels Nachfolger als botanischer Bibliograph, schrieb in seiner *Botanischen Buchillllustration* von 1951: 'es schien lediglich zweifelhaft, ob er oder sein Bruder der bedeutendere sei'. Zweifellos kann das Werk der Gebrüder Bauer in seiner Eleganz und Genauigkeit nur schwer erreicht und niemals übertroffen werden. Beide zeichneten Orchideen, Franz besonders britische Orchideen und Pflanzen aus den Kulturen Kews, Ferdinand solche, die er im östlichen Mittelmeergebiet und in Australien an ihren Standorten beobachtet hatte.

KINDHEIT UND ERZIEHUNG

Lucas Bauer († 1761), Hofmaler und Kustos der Gemäldesammlung des Prinzen von Liechtenstein, und seine Frau Theresia hatten drei talentierte Söhne, Josef Anton (geb. 1756), Franz Andreas (geb. 1758) und Ferdinand Lucas (geb. 1760). Ihr Geburtsort war Feldsberg in Niederösterreich, das nach dem Auseinanderbrechen des Österreich-Ungarischen Kaiserreichs nach dem Ersten Weltkrieg der neu gebildeten tschechoslowakischen Republik zugeschlagen wurde und den Namen Valtice erhielt. Hier befand sich ein Liechtensteinisches Landschloß mit einem ausgedehnten Park, in dem die drei wohl zum ersten Mal mit Wildblumen in Berührung kamen.

Weit entfernt in Luxemburg und fast zeitgleich mit der Geburt der drei genannten Jungen, kamen in der Familie des Malers Charles-Joseph Redouté († 1776) und seiner Frau Marguerite ebenfalls drei Söhne zur Welt: Antoine-Ferdinand (geb. 1756), Pierre-Joseph (1759) und Henri-Joseph (geb. 1766), denen der Vater außer seinem künstlerischen Talent nichts vererben konnte. Pierre und Joseph Redouté, Franz und Ferdinand Bauer wurden zu den angesehensten naturgeschichtlichen Illustratoren ihrer Zeit, des ausgehenden 18. und des frühen 19. Jahrhunderts.

Offensichtlich gab Charles-Joseph Redouté seinen Söhnen künstlerischen Unterricht, während Lucas Bauer zu früh starb, um seine Söhne zu lehren. Die drei vaterlosen Gebrüder Bauer kamen unter die Obhut und in die Lehre eines bemerkenswerten Mannes, Norbert Boccius (1729-1806), dem Prior des Klosters und des Krankenhauses der Barmherzigen Brüder in Feldsberg. Dieser Theologe, qualifizierte Arzt und Liebhaber der Pflanzenwelt und der Kunst erzog die drei Jungen und beschäftigte sie damit, Pflanzen für seine Sammlungen zu zeichnen. Die Ergebnisse ihrer Arbeiten liegen in der Liechtensteinischen Bibliothek in Wien in 14 Bänden mit insgesamt 2250 Illustrationen vor. Die botanische Welt sollte das Andenken dieses längst vergessenen, wohltätigen Mönchs aus Feldsberg in Ehren halten.

FRÜHE JAHRE IN WIEN

Der Prinz von Liechtenstein sandte Josef Anton zum Kunststudium nach Rom und machte ihn später zum Kustos seiner Gemäldesammlungen; anscheinend hat er danach nichts mehr zur botanischen Illustration beigetragen. Franz und Ferdinand suchten in Wien Anstellungen als Künstler. Franz wurde hier Blumenmaler eines Fürsten von Dietrichstein. Wahrscheinlich wurden er und Ferdinand durch Boccius bei Professor Nicolaus von Jacquin (1727-1817) eingeführt, der sie beide, zusammen mit anderen Künstlern, mit der Illustration der prächtigen Foliobände beauftragte, die er über neue und wenig bekannte Pflanzen herausgab. Jacquin wurde in Leiden als Sohn eines wohlhabenden Tuchherstellers französischer Herkunft geboren und auch ausgebildet. 1752 veranlaßte ihn der ebenfalls aus den Niederlanden stammende Gerard van Swieten, seine medizinischen Studien in Wien fortzuführen. Augenscheinlich besaß van Swieten als Leibarzt der Kaiserin Maria Theresia großen Einfluß am Hof. Sein Schützling Jacquin stieg zum Professor für Botanik und Direktor des Botanischen Gartens von Wien auf, in dem ein Strom neuer Pflanzen, besonders aus Südafrika, reiches Material zu Beschreibungen und Illustrationen lieferte. Er erkannte das Talent der beiden Brüder und beschäftigte zunächst Ferdinand, dann auch Franz mit der Anfertigung von Zeichnungen für seine *Icones Plantarum rariorum* (3 Bände; 1781-95).

Von Jacquin oder Boccius oder von beiden lernten sie, daß die botanische Zeichenkunst das Verständnis der abzubildenden Pflanzen bis zum winzigsten Detail genauso erfordert wie die Darstellung mit Genauigkeit und Anmut. Dabei wurden sie in den komplizierten Aufbau der Pflanzen eingeführt. Unter solcher Anleitung erwarben sie die Fähigkeit zu genauer Beobachtung und entwickelten exzellente Techniken des Zeichnens und der Farbgebung. Jacquin selbst war ein fähiger botanischer Künstler, aber seine Lehr- und Verwaltungsverpflichtungen ließen ihm keine Zeit, Pflanzen zu zeichnen. Eine Ausnahme hiervon bildete die Korrespondenz mit Jonas Dryander, dem Bibliothekar von Sir Joseph Banks. Nachdem Jacquin die Brüder so exzellent ausgebildet hatte, verlor er sie beide, denn zwei Mitglieder des kultivierten englischen Landadels lockten sie weg von Wien. John Sibthorp nahm Ferdinand mit auf seine Reisen, Sir Joseph Banks veranlaßte später Franz, sich in Kew als Künstler niederzulassen.

FERDINAND BAUER UND JOHN SIBTHORP

Merkwürdigerweise beeinflußte ein Kräuterbuch-Manuskript in Wien indirekt ihren Werdegang und hier besonders den Ferdinands. Ein umfangreiches Werk über Medikamente, im ersten nachchristlichen Jahrhundert von dem griechischen Arzt und Pharmakologen Dioskorides zusammengestellt, dominierte die europäische Arzneimittellehre bis ins 17. Jahrhundert. Die aus praktischen Erwägungen heraus veranlaßte Bestimmung der von ihm erwähnten Heilpflanzen belebte die Botanik nach 1516 sehr stark. E.L. Green schrieb 1909: 'Ein ganzes Jahrhundert lang waren die umfangreichsten und nützlichsten botanischen Bücher in der Form von Kommentaren zu Dioskorides abgefaßt. Derart sind große Teile der Werke von Anguillara, Mattioli, Maranta, Dodoens, Cesalpino, Fabius Columna und der Gebrüder Bauhin.' William Turner (ca. 1508-68) nannte den Bologneser Professor Luca Ghini 'Lucas Gynus, mein Lehrer in Bononi (Bologna, früher Bononia), der dortige Vortragende des Disokorides'. Dies wirft ein Licht auf die Bedeutung, die man diesem Text damals zumaß. Dioskorides hat im östlichen Mittelmeergebiet gelebt.

John Sibthorp (1758-96), Professor der Botanik in Oxford, begriff, was offensichtlich keiner vor ihm getan hatte: um die Kräuterkunde der Alten Griechen einem modernen Gebrauch nutzbar zu machen, muß man die Pflanzen Griechenlands, der ägäischen Inselwelt und Kleinasiens, die alle unter türkischer Herrschaft standen, aus erster Hand studieren.

Demzufolge brach er 1784 zu einer Forschungsreise in den Nahen Osten auf. Vom Standpunkt der Medizin war dies ein anachronistisches Wagnis, das aber die prachtvolle *Flora Graeca* (10 Bände; 1806-40) von Sibthorp und Smith mit Illustrationen aus Ferdinand Bauers Hand erbrachte. Zuerst jedoch besuchte Sibthorp Wien. In der dortigen Kaiserlichen Bibliothek (heute Österreichische Nationalbibliothek) befand sich der älteste bekannte illustrierte Codex des Dioskorides, der *Codex Aniciae Iulianae* oder *Codex Vindobonensis* mit farbigen Illustrationen — damals wie heute von unschätzbarem Wert bei der Interpretation der Verwendung der Namen durch Dioskorides. Das Studium dieses kostbaren Codex war Sibthorps erstes Ziel noch vor dem Besuch Griechenlands und Kleinasiens.

Sibthorp traf in Wien mit Jacquin und Boccius zusammen und wurde so auch mit Ferdinand Bauer bekannt. Offensichtlich beeindruckt von Bauers Talent, lud er ihn ein, ihn als Künstler auf seiner Expedition in die Levante zu begleiten. Ihre Reise führte sie durch Italien, dann nach Kreta und auf andere ägäische Inseln, nach Athen, dem Bithynischen Olymp, Konstantinopel (Istanbul), Smyrna (Izmir), Zypern usw. Glücklicherweise begleitete sie John Sibthorps Schwager John Hawkins (1761 bis 1841) auf ihrer Reise. Er stammte aus Cornwall, besaß Ländereien, hatte Bergbau in Freiberg studiert, sprach fließend deutsch und behandelte Bauer als einen Freund. Nach Abschluß ihrer Reise kehrten Sibthorp und Hawkins nach England zurück und nahmen Bauer mit. Sein graphisches Material wurde zu 1000 Farbzeichnungen von Pflanzen, 363 von Tieren und 132 von Landschaften ausgearbeitet.

Die Angaben der Lokalitäten auf seinen Originalzeichnungen für die *Flora Graeca*, die in Oxford aufbewahrt werden, stammen von Bauers und nicht von Sibthorps Hand. Dies ist für die Schreibweise von Bedeutung: er verwendete ein *p*, wo ein Engländer ein *b* verwendet hätte, und umgekehrt ein *b* anstelle eines *p*. So nannte sein Brudes Franz ihren Geburtsort stets „Feldsperg" und nicht 'Feldsberg'. In Oxford arbeitete er mehrere Jahre an der Vervollständigung seiner Illustrationen für die Veröffentlichung. Sibthorp, der an Tuberkulose erkrankt war, starb 1796 in Bath, aber Hawkins nahm als sein Nachlaßverwalter Bauers Arbeit in seine Obhut und kümmerte sich um die Veröffentlichung der *Flora Graeca*.

FRANZ BAUER, JACQUIN DER JÜNGERE UND SIR JOSEPH BANKS

In der Zwischenzeit hatte Franz Bauer als Pflanzenzeichner für Jacquin in Wien gearbeitet. Jacquins Sohn Joseph Franz (1766-1839) hatte dessen botanische und chemische Interessen geerbt und wurde sein Nachfolger. 1788 macht er sich auf eine große botanische Bildungsreise und nahm Franz Bauer mit. Über Prag, Dresden, Halle, Berlin, Göttingen, Mainz, Leiden, Utrecht und Brüssel erreichten sie England und beabsichtigten, nach einem längeren Aufenthalt in London über Paris nach Wien zurückzukehren. Sir Joseph Banks (1743-1820) hieß sie in London willkommen und gab ihnen jede Unterstützung beim Studium sowohl seines überaus reichen Herbariums als auch seiner Bibliothek. Dies beeindruckte den jüngeren Jacquin, der seinem Vater am 16. Dezember 1788 aus London schrieb, daß die Anzahl der Hilfsmittel für botanische Studien und der unbeschreibliche Eifer, mit dem man sich ihnen hier widme, London in dieser Hinsicht zur weltweit ersten Adresse machten. Er fügte hinzu 'Wenn sie sonst noch Zweifel über Pflanzen haben, dann ist hier der Ort, wo man über alles Sicherheit erlangen kann.'

Wie früher schon festgestellt wurde (vgl. Stearn 1990), war 'Banks der erste Förderer der botanischen Illustration. Niemand vor ihm beschäftigte so viele Künstler, um Pflanzen zu zeichnen. Er initiierte die botanische Illustration in Kew.' Nach seiner Rückkehr von seiner Reise nach Neufundland (1766-67) engagierte er den gefeierten G.D. Ehret (1708-70), um seine gesammelten Belegexemplare zu zeichnen (vgl. Reproduktionen bei Lysaght 1971). Er nahm Sydney Parkinson (ca. 1745-71) als naturkundlichen Zeichner mit auf Cooks Weltumsegelung auf der *Endeavour* (1768-71), und er engagierte später in London fünf Künstler, um die Zeichnungen Parkinsons fertigstellen zu lassen. Dank seiner Bemühungen erhielten die Königlichen Gärten (Royal Botanic Gardens) von Kew ständig neue Pflanzen, und er benötigte einen dort ansässigen Künstler, um diese wiederzugeben. Der Künstler, der Jacquin den Jüngeren begleitete, so schloß er hellsichtig, war der richtige Mann für diese Aufgabe.

Jacquin sah dies sehr deutlich. In einem Brief vom 3. November 1789 schrieb er aus London an seinen Bruder Gottfried in Wien: 'Complimente von Bauer. Ich glaube es ist höchste Zeit, dass ich ihn von hier wegbringe, sonst wird er mir abgefischt. Banks hat ausserordentlich Augen auf ihn.' Eine sichere Stellung mit einem hohen Gehalt, Ansehen, Verbindungen zu Gelehrten, besonders zu Banks selbst und zu seinem schwedischen Botaniker-Bibliothekar Jonas Dryander, die Möglichkeit, seine Kunst ohne Behinderung auszuüben, ein gut ausgestatteter botanischer Garten, in welchem er arbeiten konnte, Kontakt zu seinem Bruder Ferdinand in Oxford: all dieses lockte Bauer. Jacquin beschloß, nach Paris weiterzureisen. Für Banks, der sich der Dienste Bauers versichern wollte, hieß es jetzt oder nie. Viele Jahre später erinnerte sich Sir James Everard Home an die Umstände der geplanten Abreise seines Freundes Bauer nach Paris: 'Seine Passage war gebucht und seine Kutsche stand für den nächsten Morgen bereit, ihn nach Dover zu bringen. Am letzten Tag seines Aufenthaltes in London (ich glaube, es war ein Sonntag), hatte er bei Sir Joseph Banks gespeist, der ihn nach dem Tee beseite nahm (in den Voyage Room) und ihm seine Vorschläge für sein Verbleiben in England unterbreitete, die er zuletzt annahm.' (J.E. Home an Robert Brown am 17. Dezember 1840; zitiert in Meynell, 1983).

Bauer hatte gerade *Calycanthus praecox* (heute *Chimonanthus praecox*) für Banks gezeichnet. Im Dezember 1789 war Jacquin in London zusammen mit Bauer. Im Februar 1790 war er ohne ihn in Paris.

LEBEN UND ARBEIT IN KEW

Mit einem Jahresgehalt von 300 Pfund Sterling versehen, lebte nun Franz, der seinen Namen bald zu Francis anglisierte, die nächsten 50 Jahre in aller Stille in Kew, geduldig seine Pflanzen erforschend und zeichnend. Obwohl er im ländlichen Kew von den tragischen Ereignissen der Napoleonischen Kriege weit entfernt war, mußte er mit Bestürzung von den aufeinanderfolgenden Niederlagen der österreichischen Armee bei Arcole, Hohenlinden, Ulm, Austerlitz und Wagram und dem Blutbad an zahlreichen seiner Landsleute Kenntnis nehmen.

Bauers unveröffentlichte Illustrationen von Pflanzen aus Kew im Natural History Museum in London erwecken den Eindruck, Bauer sei einfach seinen eigenen Neigungen ohne Ziel und Zweck nachgegangen, mit Ausnahme nur der Befriedigung seiner Eigenheit und seines schöpferischen Drangs. Mehr und mehr wurde er gefesselt von den komplizierten Blütenmechanismen der Orchideen und der Schwalbenwurzgewächse *(Asclepiadaceae)*, von Pollen und Sporen, von der Histologie und Anatomie nicht nur der Pflanzen, sondern auch der Tiere. Während sein Bruder Ferdinand geholfen hatte, weit entfernte Länder zu erforschen und für die Wissenschaft neue Arten zu entdecken und zu zeichnen, erforschte Franz mit Skalpell und Mikroskop die verborgenen Teile der Pflanzen in seiner Umgebung und fand in ihnen ein Übermaß an Dingen, die seine Fertigkeiten herausforderten, das zu verstehen und graphisch wiederzugeben, was niemand vor ihm je wahrgenommen hatte.

Die Bibliothek und das Herbarium von Sir Joseph Banks befanden sich am Soho Square in London. Als Robert Brown, der mit Ferdinand Bauer an der Umsegelung Australiens durch Flinders teilgenommen hatte, Kustos und Bibliothekar dieser Sammlungen wurde, lenkte er die Aufmerksamkeit von Franz auf die Farne. Die Zeichnungen, die er zunächst für Brown anfertigte, und andere, die viel später für Sir William Jackson Hooker entstanden, wurden von W.H. Fitch für Hookers *Genera Filicum* (1838-42) lithographiert.

In Kew konnte Bauer sich ohne Unterbrechung so viele Tage, wie er wollte, der peinlich genauen Zeichnung widmen. So malte er Hunderte der kleinen Blätter der südafrikanischen *Erica*-Arten. Viele solcher Arten waren durch die Aktivitäten des schottischen Pflanzensammlers Francis Masson (1741-1805) in die gärtnerische Kultur nach England gekommen. Er sammelte für Banks am Kap der Guten Hoffnung zwischen 1772 und 1774, 1786 und 1795. Bauer zeichnete 30 Arten in seinen *Delineations of exotick Plants cultivated in the Royal Gardens at Kew, by Francis Bauer, Bota-*

nick Painter to His Majesty (1796-1803). Banks erreichte offenbar für Bauer die königliche Anerkennung; er meinte überdies, daß diesen außergewöhnlichen Illustrationen kein beschreibender Text beigefügt werden muß: 'Jede Abbildung kann selbst jede Frage beantworten, die ein Botaniker zu Bau und Form der Pflanze nur stellen kann'. Folglich fehlt dem Band auch ein solcher Text. Henry Charles Andrews, ein zeitgenössischer botanischer Künstler, veröffentlichte zwischen 1802 und 1830 die *Coloured Engravings of Heaths* mit 283 Foliotafeln und einem beschreibenden Text sowie zwischen 1804 und 1812 *The Heathery, or an Monograph of the Genus Erica* mit 300 Tafeln im Oktavformat, was die große Anzahl der kenntnisreich in England kultivierten Arten dieser Gattung belegt. Alle drei Werke sind bestechend und von hohem botanischen Wert, wobei allerdings die Tafeln von Andrews nicht die Perfektion der Arbeiten Bauers erreichen. Anders als der privilegierte Bauer mußte Andrews jedoch seinen Lebensunterhalt durch den Verkauf seiner illustrierten Publikationen bestreiten.

Die außerordentliche südafrikanische Gattung *Strelitzia*, die die Paradiesvogelblume *S. reginae* einschließt, zog Bauers Aufmerksamkeit auf sich. Banks benannte diese Gattung und Art zu Ehren von Königin Charlotte (1744-1818), die vor ihrer Hochzeit mit König Georg III. Prinzessin des kleinen norddeutschen Fürstentums von Mecklenburg-Strelitz gewesen war. Königin Charlotte, offenbar eine schlichte Frau, deren Hauptleistung es war, 15 Kindern das Leben zu schenken, wird sicherlich angemessener durch eine 'Queen Charlotte's Hospital' genannte Londoner Entbindungsklinik gewürdigt als durch eine derart auffällige Blüte. Wahrscheinlich auf Banks Anregung hin veröffentlicht Bauer 1818 *Strelitzia depicta* mit vier Farbtafeln.

Königin Charlotte und ihre zweite Tochter Prinzessin Elizabeth (1770-1840) erhielten von Bauer Zeichenunterricht; sein einziger Lohn hierfür war ein wenig indische Tusche. Ein wesentlich bedeutenderer Schüler war William Hooker (1779 bis 1832), der nicht mit William Jackson Hooker (1785-1865; von 1841–1865 Direktor der Königlichen Botanischen Gärten von Kew und ebenfalls ein kundiger botanischer Künstler), verwechselt werden darf. William Hooker steuerte die Zeichnungen zu dem von Richard Anthony Salisbury verfaßten *Paradisus Londinensis* (1805-11) bei; darüberhinaus illustrierte er F. Purshs *Flora Americae Septentrionalis*. Auf dem Titelblatt des *Paradisus Londinensis* beschrieb er sich selbst als einen ehemaligen 'Schüler von Francis Bauer Esq., Botanischer Zeichner ihrer Majestäten', eine Feststellung, die sowohl die Berühmtheit Bauers als auch den Stolz Hookers, von einem solchen Meister unterrichtet worden zu sein, unterstrich. Bauers Einfluß zeigt sich nicht nur deutlich in Hookers sorgfältigen botanischen Illustrationen, sondern auch besonders in seinen vorzüglichen und peinlich genauen Abbildungen von Früchten, die ihm auf diesem Feld einen Rang zuweisen, der dem Bauers als botanischem Zeichner gleichkommt (vgl. Stearn, 1989). Leider warf ihn eine Krankheit auf der Höhe seiner künstlerischen Leistungsfähigkeit nieder.

BAUERS UNTERSUCHUNGEN AN ORCHIDEEN

Während Bauers langer Verbindung mit Kew veränderten sich die Methoden der Gewächshausheizung genauso dramatisch wie die Artenzusammensetzung der kultivierten Pflanzen. Heiße trockene Luft in Kaminrohrsystemen, bei denen Heidepflanzen der Kapregion gut gediehen und Orchideen eingingen, wichen der Heizung mit warmem, in Gußeisenröhren zirkulierendem Wasser und einer besseren Kontrolle der Luftfeuchtigkeit. Im Zeichen dieser Veränderungen verwandelte sich das Gewächshaus für tropische Orchideen aus einer Folterkammer in ein angemessenes Heim. Dieser gartenbauliche Erfolg führte zu unbarmherziger Sammeltätigkeit: so ließ ein professioneller Orchideensammler in Kolumbien 4000 Bäume fällen und einen ganzen Landstrich verwüsten, um 10000 Pflanzen der Orchideenart *Odontoglossum crispum* für den Verkauf in Europa zu erbeuten. 1789 listete die erste Edition von Aitons *Hortus Kewensis* 36 Arten von Orchideen auf, die damals in Kew und in der Gegend von London kultiviert wurden; fast alles waren Erdorchideen aus Europa (23 britische, 2 nicht-britische), Nordamerika (5), Kap der Guten Hoffnung (3), und nur drei (Karibik 2, China 1) waren tropischer Herkunft. Bauer scheint ihre Portraitierung zusammen mit der Untersuchung ihrer Blütenstruktur um 1791 begonnen und zumindest bis 1829, gemäß den Datierungen seiner Zeichnungen, fortgeführt zu haben. Die auffälligste im Jahr 1789 erhältliche Orchidee war *Phaius tancarvilleae* (damals *Bletia tankervilleae* genannt), die um 1778 von John Fothergill aus China eingeführt worden war.

Als Robert Brown 1813 einen Beitrag über die kultivierten Orchideen in der zweiten Auflage des *Hortus Kewensis* (5: 188-222) veröffentlichte, konnte er schon 113 Arten aufführen. Von diesen waren 26 tropische Orchideen der Westindischen Inseln, 16 stammten aus Nordamerika, 12 aus New South Wales und 5 aus Indien. Durch diese bedeutsame Zunahme an Orchideenarten wurde Bauer mit noch verlockenderem Material für seine Untersuchungen und seine Zeichenkunst versorgt. Viele seiner Illustrationen tragen Datierungen. Diese offenbaren, daß er schon 1801 *Cymbidium ensifolium* und bis spätestens 1811 verschiedene britische Orchideen gemalt hatte. Zu guter Letzt portraitierte er Arten aus Ekuador, Indien, Jamaika, Mexiko und Nordamerika wie auch aus Großbritannien. Alle sind peinlich genau bis ins kleinste Detail gemalt und gleichzeitig ästhetisch überaus ansprechend. Er war ein erfahrener Mikroskopiker und wollte dabei die innere und äußere Struktur kennenlernen; beide Aspekte zeichnete er auch.

Bauers mikroskopische Arbeit erstreckte sich nicht nur auf Orchideen oder botanische Themen. Er unterrichtete den Arzt und Anatomen Sir Everard Home (1765-1832) in mikroskopischer Technik und steuerte zu dessen *Lectures on comparative Anatomy* (1814-28) und Veröffentlichungen in den *Philosophical Transactions of the Royal Society* Zeichnungen mikroskopischer Details bei, darunter auch den Fuß der Stubenfliege, des Tieres, das in der Lage ist, beim Laufen der Schwerkraft zu trotzen. Auch bildete er die Blutlaus (*Eriosoma lanigerum*) in Banks Veröffentlichung von 1807 über die von dieser verursachte Erkrankung der Apfelbäume ab.

In der Zwischenzeit war John Lindley (1799-1865) vom Assistenten von Robert Brown in Banks Bibliothek, welchen Posten er nach Banks Tod im Jahr 1820 verloren hatte, zum Professor der Botanik an der neugegründeten Londoner Universität (1830) und zum Herausgeber des *Botanical Register* aufgestiegen, in dem seine Künstlerin Miss Drake zahlreiche Orchideen abbildete (vgl. Stearn, 1990). Er war auch auf dem Weg, der Welt führender Orchidologe zu werden. Bauer lebte am Kew Green im Eglantine Cottage. Lindleys Haus befand sich in Turnham Green in der Nähe des Gartens der Royal Horticultural Society. Es war also nur ein kurzer Ritt zur Kew Bridge und über die Themse, um zu Bauer zu gelangen, der mit Sicherheit die Freundschaft gelehrter Männer schätzte. In der Tat trafen sich in Kew laut Scheer (1840) für eine gewisse Zeit 'fast jeden Samstag bei Mr. Bauer viele der bedeutensten Männer, um Themen aus der Botanik und anderen Bereichen der Naturphilosophie in einem freundlichen und geselligen Rahmen zu besprechen.'

Zu dieser Zeit hatte Bauer eine ganze Reihe von Zeichnungen der Feinstruktur der Orchideen im Verlauf seiner mikroskopischen Untersuchungen angefertigt und zusammengestellt. Der bekannt eifrige und fleißige Lindley nahm ihre Veröffentlichung in die Hand. Dafür erarbeitete er zusammen mit Bauer einen Text. Die Lithographie ersetzte dabei als billigere Möglichkeit der graphischen Reproduktion den Kupferstich. Lindley selbst lithographierte als erfahrener botanischer Zeichner einige der Illustrationen Bauers, der berühmte Lithograph M. Gauci fertigte die restlichen an. So erlebte Bauer dank Lindleys Unternehmungsgeist den Einzug seines Werks in die botanische Welt unter dem Titel *Illustrations of Orchidaceous Plants by Francis Bauer Esq. F.R.S., L.S. & H.S. with Notes and prefatory Remarks by John Lindley* zwischen 1830 und 1838. Es enthielt 35 lithographierte Foliotafeln, davon 28 aus Bauers, sieben aus Lindleys Hand, die, handcoloriert oder uncoloriert, die Blütenstruktur, Samen und Pollen wiedergaben. Bauers Beziehungen zu Robert Brown waren nicht immer ungetrübt. So schrieb er am 7. Februar 1832 an Lindley: 'Ich wünschte, Sie könnten es zuwege bringen, daß Brown die Zeichnungen nicht vor der Veröffentlichung zu Gesicht bekommt.'

SPÄTERE JAHRE IN KEW

Sir Joseph Banks, dessen Leben mit vielerlei wohltätigen Aktivitäten, einige mit lang andauernder Wirkung, angefüllt gewesen war, starb am 9. Mai 1820. Eine Rente von jährlich 300 Pfund Sterling ersetzte Bauers Jahresgehalt in gleicher Höhe. Sein Leben scheint sich ruhig in gleicher Weise wie vorher fortgesetzt zu haben: er malte im wesentlichen Pflanzen aus Kew und benutzte sein in Österreich hergestelltes Ploessel-Mikroskop bei seinen Studien. Ein Kreis von Freunden, darunter Lindley, Robert

Brown, William Clift, William Townsend Aiton, der besonders an Farnen interessierte Kew-Gärtner John Smith, Frederick Scheer, A.B. Granville und Sir James Everard Home, alles Männer von Rang und Würde, bewahrten ihn davor, zu einem einsamen alten Junggesellen zu werden.

Um Kew Green gab es eine Reihe deutschsprachiger Männer, so besonders Scheer und Ernest Augustus Frederick Guelph (1771-1851), Duke of Cumberland und fünfter Sohn von König Georg III. und Königin Charlotte. Alle scheinen sie Bauer als eine geniale Persönlichkeit von hoher Intelligenz sowie als einen ausgezeichneten Künstler und aufmerksamen Mikroskopiker geschätzt zu haben. Er muß auch mit dem Duke of Cumberland gut bekannt gewesen sein. Gemeinsam war ihnen die deutsche Sprache und die Liebe zu Kew, wo der Duke geboren war und die meiste Zeit seines Lebens verbrachte, weil er die dörfliche Schönheit des Ortes genoß, bis er 1837 König von Hannover wurde; der Ausschluß der Frauen von der Thronfolge nach dem Salischen Gesetz machte es unmöglich, daß seine Nichte Victoria, die inzwischen Königin von England geworden war, auch diesen Thron erben konnte. Der Duke war ein selbstherrlicher, taktloser, bigotter, grausam konservativer und reaktionärer, aber auch hochintelligenter Mann, früher ein kühner hannoverischer Kavallerieoffizier. Er war bei den Engländern derart gefürchtet und verabscheut, daß sie froh waren, als er ihr Land verließ.

Vermutlich behandelte er Bauer mit mehr Respekt als die sieben angesehenen Göttinger Professoren, die er wegen der Äußerung ihrer liberalen Ansichten einsperren ließ. 1837 übergab ihm Bauer eine Auswahl seiner Zeichnungen. Dies erklärt die große Anzahl von Bauers Zeichnungen in Göttingen. Nach Bauers Tod gingen, wie in seinem Testament vom 8. Oktober 1839 (vgl. Meynell 1983) vorgesehen, acht Mappen, die die Aufschrift 'Kew Plants' trugen, ans British Museum in Bloomsbury, London. Später wurden sie der Naturkundlichen Abteilung dieses Museums in South Kensington übergeben. Insgesamt handelt es sich nach Robert Brown um 1532 Zeichnungen, darunter zahlreiche Orchideenportraits. Bauers restlicher Besitz wurde im November 1841 versteigert, wobei der König von Hannover einen Teil des Nachlasses erwarb. 'Zu Erinnerung meines dortigen Aufenthalts' stiftete er dieses Material aus Kew der Göttinger Universitätsbibliothek, wo es in der Handschriftensammlung (*Handschriften* 312-315, Hist. nat 94) aufbewahrt wird.

Noch zu Bauers Lebzeiten erklärte 1840 sein am Kew Green lebender Freund Frederick Scheer (ca. 1792-1868), ein deutscher Kaufmann aus Rügen, daß 'Eitelkeit, Selbstsucht und Unduldsamkeit seinem Charakter fremd waren, wie zahlreiche Freunde und Fremde bestätigen können' und daß das Leben des 'Nestors von Kew' von 'unaufhörlicher Tätigkeit, Nützlichkeit und Größe' gewesen sei. Die Linnean Society in London erkannte seine Verdienste um die Wissenschaft an und ernannte ihn 1804 zu ihrem Mitglied, womit sich die langsame und verständnislose Royal Society of London bis 1821 Zeit ließ. Er heiratete nie, aber kurz vor seinem Tod adoptierte er Elizabeth Baker, die etwa 25 Jahre lang für ihn gesorgt hatte.

IN MEMORY OF
FRANCIS BAUER, ESQ.R, F.R.S. F.L.S. &c.
BOTANICAL PAINTER TO HIS MAJESTY GEORGE THE THIRD,
AND RESIDENT DRAUGHTSMAN FOR FIFTY YEARS
TO THE ROYAL BOTANIC GARDEN AT KEW,
WHERE HE DEVOTED HIMSELF
TO THE ADVANCEMENT OF NATURAL SCIENCE
UNDER THE MUNIFICENT PATRONAGE OF
SIR JOSEPH BANKS, BART,
THE PRESIDENT OF THE ROYAL SOCIETY.

IN THE DELINEATION OF PLANTS,
HE UNITED THE ACCURACY OF THE PROFOUND NATURALIST
WITH THE SKILL OF THE ACCOMPLISHED ARTIST
TO A DEGREE WHICH HAS BEEN ONLY EQUALLED
BY HIS BROTHER FERDINAND.

IN MICROSCOPICAL DRAWING
HE WAS ALTOGETHER UNRIVALLED,
AND SCIENCE WILL BE EVER INDEBTED
FOR HIS ELABORATE ILLUSTRATIONS
OF ANIMAL AND VEGETABLE STRUCTURES
OF WHICH INVALUABLE SPECIMENS ARE PRESERVED
IN THE BRITISH MUSEUM
AND IN THE UNIVERSITY OF GÖTTINGEN.

HE WAS BORN 4.TH OCTOBER 1758, AT FELDSPERG IN AUSTRIA,
AND ACCOMPANIED HIS FRIEND THE BARON JOSEPH JACQUIN,
TO ENGLAND IN 1788.

HE SETTLED IN KEW IN 1790,
WHERE HE LIVED ADMIRED, LOVED, AND RESPECTED,
HE DIED 11.TH DECEMBER 1840 AGED 82 YEARS.
THE WORKS OF FRANCIS BAUER ARE HIS BEST MONUMENT
FRIENDSHIP INSCRIBES THIS RECORD ON HIS HONORED TOMB

R. WESTMACOTT. JR.

Denkmal für Franz Bauer von Richard Westmacott jr. in der Kirche St. Anne, Kew Green

DAS DENKMAL FÜR BAUER IN KEW

Das Ansehen, in welchem Bauer bei seinen Freunden stand, inspirierte sie, für ihn ein reich verziertes Denkmal in der St. Anne's Church am Kew Green zu stiften. Es wurde von Richard Westmacott jr. in Marmor gearbeitet. An der Spitze trägt es ein Profilrelief Bauers, die seitlichen Umrahmungen der Inschrift werden von Magnolien- und Banksien-Blattwerk geschmückt und am Fuß erkennt man eine Palette, Pinsel und ein Bündel Zeichenpapier. Die Inschrift lautet:

In Erinnerung an Francis Bauer Esqr F.R.S. F.L.S. Botanischer Maler des Königs Georg des Dritten und während fünfzig Jahren an den Königlichen Gärten von Kew ansässiger Zeichner, wo er sich der Fortentwicklung der Naturwissenschaften unter der freigebigen Schirmherrschaft von Sir Jospeh Banks Bart., dem Präsidenten der Royal Society, widmete.

In der Darstellung von Pflanzen vereinigte er die Genauigkeit des kenntnisreichen Naturkundlers mit der Geschicklichkeit des vollendeten Künstler so, daß ihm nur sein Bruder Ferdinand gleichkam.

Im mikroskopischen Zeichnen war er unübertroffen, und so wird ihm die Wissenschaft wegen seiner vollendeten Illustrationen tierischer und pflanzlicher Strukturen stets zu Dank verpflichtet sein. Exemplare dieser unschätzbaren Werke werden am British Museum und an der Universität Göttigen aufbewahrt.

Er wurde am 4. Oktober 1758 in Feldsberg in Österreich geboren und begleitete seinen Freund Baron Joseph Jacquin 1788 nach England. 1790 ließ er sich in Kew nieder, wo er geehrt, geliebt und geachtet lebte. Er starb am 11. Dezember 1840 im Alter von 82 Jahren. Die Werke Francis Bauers sind sein bestes Denkmal. Freundschaft schreibt diesen Bericht auf sein verehrtes Grab.

'Herr, wie zahlreich sind deine Werke!
Mit Weisheit hast du sie alle gemacht.'

Psalm 104.24

In memory of Francis Bauer Esqr F. R. S. F. L. S. Botanical Painter to His Majesty George the Third and Resident Draughtsman for fifty years to the Royal Botanic Garden at Kew, where he devoted himself to the advancement of Natural Science under the munificent patronage of Sir Joseph Banks Bart. the President of the Royal Society.

In the delineation of plants he united the accuracy of the profound naturalist with the skill of the accomplished artist to a degree which has been only equalled by his brother Ferdinand.

In microscopical drawing he was altogether unrivalled and science will be ever indebted for his elaborate illustrations of animal and vegetable structures of which invaluable specimens are preserved in the British Museum and in the University of Göttingen.

He was born 4th October 1758 at Feldsperg in Austria and accompanied his friend the Baron Joseph Jacquin to England in 1788.

He settled in Kew in 1790, where he lived admired, loved and respected. He died 11th December 1840, aged 82 years. The works of Francis Bauer are his best monument. Friendship inscribes this record on his honored tomb.

„Lord, how manifold are Thy works, in wisdom hast Thou made them all."

Psalms CIV V. 24

Die Orchideenzeichnungen von Franz Bauer

Zwischen 1830 und 1838 wurden 28 der Orchideenzeichnungen von Franz Bauer als *Illustrations of Orchidaceous Plants; with Notes and prefatory Remarks by John Lindley* veröffentlicht. Die Originaltafeln des Werks befinden sich in den Sammlungen des Natural History Museum in London. Von ihnen haben wir *Cleisostoma paniculatum, Oncidium baueri und Satyrium erectum* für dieses Buch ausgewählt.

In Göttingen untersuchten wir zwei Bände von Bauers Orchideenzeichnungen, die in der Niedersächsischen Staats- und Universitätsbibliothek aufbewahrt werden. MS 94 Band XII enthält neben 13 Tafeln europäischer Orchideen, die Kopien aus Jacquins fünfbändigem Werk *Flora Austriacae* zu sein scheinen, noch 16 Tafeln mit amerikanischen Orchideen, wahrscheinlich ebenfalls Kopien, diesmal aus Jacquins *Selectarum Stirpium Americanum Historia*. Aus diesem Band sind die Abbildungen von *Himantoglossum hircinum, Limodorum abortivum, Maxillaria coccinea* und *Orchis purpurea* hier reproduziert. MS 94 Band XIII enthält 22 Seiten farbiger Zeichnungen ausschließlich australischer Orchideen. Diese Tafeln wurden nach Exemplaren angefertigt, die für Sir Joseph Banks nahe Port Jackson (heute Sydney) von William Paterson zwischen 1791 und 1810 gesammelt worden waren. Wir haben fünf dieser Zeichnungen ausgewählt, die die Orchideen *Caladenia caerulea, Dendrobium linguiforme, D. speciosum, Dipodium punctatum, Diuris aurea, D. sulphurea* und *Glossodia major* zeigen.

Im Natural History Museum liegen die Zeichnungen fast aller 113 Orchideenarten vor, die Robert Brown in der zweiten Auflage von Aitons *Hortus Kewensis* (1813) aufgelistet hat, daneben noch Illustrationen anderer Arten, die später in die Königlichen Botanischen Gärten (Royal Botanic Gardens) von Kew kamen. Darunter sind neben zahlreichen Skizzen von Pflanzenteilen und Blüten sowie unvollendeten Zeichnungen auch wunderschön komponierte Studien britischer und amerikanischer Orchideen. Diese waren wohl zur Veröffentlichung vorgesehen.

Wir haben eine Auswahl getroffen, die Franz Bauers Perfektion im Umgang mit Bleistift und Pinsel zeigt und die illustriert, was er in natürlicher Größe oder bei einer entsprechenden Vergrößerung studiert hat. Die Zeichnungen demonstrieren auch die zunehmende Vervollkommnung und Verfeinerung seines Stils von den ersten Kopien, die er für Baron Nicolaus von Jacquin anfertigte, bevor er 1788 Österreich verließ, bis hin zur detaillierten Darstellung der Lebensphasen europäischer Orchideen, die er in seinen mittleren Jahren in Kew anfertigte. Diesen folgten Portraits neu eingeführter Pflanzen aus den Tropen, die in den Königlichen Gärten erblühten.

Aerides odorata LOUREIRO

VERBREITUNG: weit verbreitet in Asien: vom tropischen Himalaya
Sikkims, Nepals und Indiens, Südchina, Malaysia, Thailand
und anderswo in Südostasien bis zu den Philippinen

Dies ist die Typusart der Gattung *Aerides*, die von dem portugiesischen Missionar und Naturforscher João Loureiro 1790 beschrieben wurde. Der Gattungsname verbindet die griechischen Wörter *aer* – 'Luft' und *eides* – 'erinnernd an' in Anspielung auf den Eindruck, diese epiphytischen Pflanzen zögen ihre Nahrungsstoffe aus der Luft. In der Regel besitzen sie ein wohlentwickeltes Wurzelwerk, das sich sowohl nach allen Raumrichtungen ausbreitet, wie auch der Verankerung am Substrat dient.

Sir Joseph Banks gab um 1800 Pflanzen dieser Art, die er aus China erhalten hatte, an die Königlichen Gärten von Kew weiter. Die Pflanze, die Bauer zeichnete, stammte aus einer späteren Einfuhr und trug die Bezeichnung 'Aerides cornutum Roxbg. Indien'. Der schottische Botaniker und Arzt William Roxburgh, zwischen 1793 und 1813 Superintendent des Botanischen Gartens Kalkutta, sandte eine große Anzahl von Pflanzen nach Kew. John Lindley verwendete das Epitheton *cornutum* im *Botanical Register* (Tafel 1485) im Jahr 1832. Ekstatisch beschrieb er die große Blütenanzahl dieser Art und war von ihrer seltsamen Form, ihrer zarten Farbe und ihrem bezaubernden Duft gefesselt.

Heute, nachdem die weite Verbreitung und die große Variabilität von *A. odorata* bekannt geworden ist, wird der Name *A. cornuta*, der Pflanzen indischer Herkunft gegeben wurde, als Synonym betrachtet.

Aceras anthropophorum
(LINNAEUS) AITON filius

VOLKSTÜMLICHE BEZEICHNUNG:
Ohnsporn, Fratzenorchis
VERBREITUNG: Europa, Nordafrika

Die Blüten der Ohnsporn-Orchidee besitzen Sepalen und Petalen, die wie ein blaßgrüner Kopf angeordnet sind, während die Lippe, deren vier Lappen wie Arme und Beine abgespreizt sind, an den Rumpf eines Menschen erinnert. Ein feiner Duft nach Waldmeister (Cumarin) lockt kleine Insekten an, die in die oberen Teile der Blüte hineinkrabbeln.

Die Ohnsporn-Orchidee findet sich noch recht häufig in ungestörter Vegetation auf kalkhaltigen Böden. Sie kommt in Grasland und an Waldrändern vor, wird aber oft infolge ihrer Unauffälligkeit übersehen. In Osteuropa und hier besonders in der Türkei und im südlichen Griechenland ist sie heute viel seltener als früher, denn viele Standorte, von denen sie verschwunden ist, wurden in der Vergangenheit in Kultur genommen oder bebaut. Andernorts erschien sie wieder in Brachland, wo eine frühere Nutzung eingestellt worden war.

Der Gattungsname *Aceras* leitet sich vom griechischen *a*-'ohne' und *keras*-'Horn' (hier ist 'Sporn' gemeint) ab und bezieht sich auf das Fehlen einer Spornbildung im Blütenbereich. *Anthropophorum*, von *anthropos*-'Mensch', *phoros*-'tragend', bezieht sich auf die Form der Blüten.

22

Anacamptis pyramidalis (LINNAEUS) RICHARD

VOLKSTÜMLICHE BEZEICHNUNG:
Pyramidenorchis
VERBREITUNG: weit verbreitet
in Süd- und Mitteleuropa, in Nordafrika
und in Zentralasien

Der Name dieser Gattung ist vom Griechischen abgeleitet, wo *anakampto*'sich zurückbiegen' bedeutet
und sich hier vermutlich auf die Form des schlanken
Sporns an der Basis der Lippe bezieht. Dieser enthält
keinen freien Nektar, aber besuchende Insekten
können doch an Pflanzensaft gelangen, indem sie
die Zellen an der Innenseite des Sporns aufreißen.

Die Pyramidenform des Blütenstandes ist nahezu unverwechselbar. An verschiedenen Pflanzen
variiert die Blütenfarbe von weiß über blaß- bis dun-
kelrosa bis hin zu einem prächtigen Magentarot.
Die Blüte ist so gestaltet, daß sie nur von Schmetter-
lingen bestäubt werden kann. Die Lippe besitzt
zwei aufrechte Falten oder Rippen, die den schlanken Rüssel des Insektes wie ein Tunnel unmittelbar
zum Nektarium führen. Die Pollinien befinden sich
in einer Tasche oberhalb des Sporneingangs und
sind an einem einzelnen klebrigen, sattelförmigen
Scheibchen befestigt. Dieses Scheibchen bleibt am
Rüssel während dessen Rückbewegung aus dem
Sporn haften. Die Pollinien kippen nach vorne, während sich das Insekt zu einer anderen Blüte oder sogar einer anderen Pflanze begibt. Es befindet sich damit in der richtigen Stellung, um beim nächsten Besuch eine Bestäubung zu vollziehen. BAUER zeigt
alle diese Details auf seiner Zeichnung vom 26. Juni
1811.

Die Pflanzen werden an gut entwässerten oder
trockenen Standorten in offenem Grasland, an Ab-
hängen, Straßenrändern oder sogar auf Golfplätzen
gefunden. Sie gedeihen gut in Gegenden, wo das
Gras regelmäßig abgeweidet oder gemäht wird.
Diese Art besiedelt auch junges Grasland und wird
häufig am Rand von kalkhaltigen Sanddünen angetroffen.

24

Anacamptis. Richard
Orchis pyramidalis. W.

Bonatea speciosa (Linnaeus filius) Willdenow

VERBREITUNG: Südafrika

Der jüngere Linné beschrieb diese Erdorchidee anhand eines Exemplars aus der Aufsammlung von Pflanzen der Kapregion, die von dem schwedischen Botaniker Carl Peter Thunberg angelegt worden war. 1805 wurde das Epitheton *speciosa* - 'prächtig' durch den deutschen Botaniker Willdenow auf die neue Gattung *Bonatea* übertragen, die er zu Ehren von Giuseppe Antonio Bonato (1753–1836), Professor der Botanik im italienischen Padua, begründet hatte. Die Gattung umschließt heute etwa 20 Arten in Afrika und Arabien. Mit ihren ziemlich fleischigen Blättern und ihren grünen und weißen Blüten erinnern die Pflanzen dieser Gattung an Vertreter des großen Genus *Habenaria*. Die Blüten unterscheiden sich aber in der Verwachsung der Lippe, der unteren Petalenlappen und der lateralen Sepalen mit den Narbenfortsätzen von den Habenarien.

Alle Arten der Gattung *Bonatea* sind knollentragende Erdorchideen. Sie sind leicht zu kultivieren, vorausgesetzt man sorgt dafür, daß das sandige Substrat, in dem man sie pflegt, während der Ruhezeit absolut trocken gehalten wird. Die prachtvolle *Bonatea speciosa* kommt vom Meeresniveau bis auf über 1200 m Höhe in verschiedenen Teilen Südafrikas vor, wo sie, in Abhängigkeit von den klimatischen Bedingungen, zwischen Juni und Februar blüht. Bauer zeichnete diese Orchidee im Mai 1824.

William T. Aiton übersandte ein Teilstück der Pflanze aus Kew an den Royal Botanic Garden in Edinburgh, und 1826 wurde sie dort für das *Curtis's Botanical Magazine* (Tafel 2926) gezeichnet.

Francis Bauer del.
May 1824.

Brassavola cucullata (LINNAEUS) R. BROWN

VERBREITUNG: von Mexiko bis Honduras, Westindische Inseln und nördliches Südamerika

Diese Art der Gattung *Brassavola* hat längere und schmalere Blätter als die wesentlich besser bekannte *Brassavola nodosa* (LINNAEUS) LINDLEY. Wie letztere duftet auch die hier wiedergegebene Art des Nachts sehr süß. Dieser charakteristische nächtliche Duft weißer Blüten wird in den Stunden emittiert, während derer Motten aktiv sind.

Zuerst wurde die Art von LINNÉ in der zweiten Auflage seiner *Species Plantarum* (1763) als *Epidendrum cucullatum* beschrieben. ROBERT BROWN wählte sie als Typusart seiner neuen Gattung *Brassavola*, die er 1813 aufstellte, als er die damals in Kew kultivierten Pflanzen für die zweite Auflage von AITONS *Hortus Kewensis* beschrieb.

Wahrscheinlich malte BAUER dieselbe Pflanze, die auch ROBERT BROWN sah. Obwohl seine Zeichnung nicht datiert ist, gibt er an, daß die Art aus Westindien käme. Vizeadmiral WILLIAM BLIGH brachte 1793 nach seiner erfolgreichen Einführung des Brotfruchtbaumes in Westindien mit seinem Schiff HMS Providence Pflanzen nach Kew.

Das Genus wurde zu Ehren des italienischen Arztes und Botanikers ANTONIO MUSA BRASAVOLA (sic) (1500-1555) benannt, der Professor der Medizin in Ferrara, Italien war. Heute werden ungefähr 15 Arten unterschieden, die alle im tropischen Amerika vorkommen.

28

Brassia maculata R. BROWN

VOLKSTÜMLICHE BEZEICHNUNG: Spinnenorchidee
VERBREITUNG: Guatemala, Belize, Honduras
und Westindische Inseln

Diese attraktive Art wird heute als verhältnismäßig selten erachtet. Sie wurde 1806 durch Sir JOSEPH BANKS nach Kew eingeführt und blühte dort zu verschiedenen Gelegenheiten. ROBERT BROWN war der Botaniker und Bibliothekar von BANKS; als er die Art 1813 beschrieb, war sie die einzige dieser Gattung. Der Name erinnert an WILLIAM BRASS (†1783), ursprünglich ein beim Ersten Duke von Northumberland beschäftigter Gärtner, der 1780 nach Westafrika reiste, um Pflanzen für BANKS und einen Freundeskreis zu sammeln.

Während des 19. Jahrhunderts wurden zu der Gattung noch weitere Arten hinzugefügt, so daß heute etwa 25 bekannt sind. Alle Arten dieser Gattung haben den gleichen Duft, der als 'eine farnbedeckte Heide und den harzigen Geruch von Zistrosen heraufbeschwörend' beschrieben wurde. Sie sind leicht in einem durchlässigen Substrat in einem nicht zu warmen Gewächshaus zu kultivieren.

Brassia maculata

Catasetum macrocarpum L. C. RICHARD ex KUNTH

VOLKSTÜMLICHE BEZEICHNUNG: Mönchskopf, Affenpokal (Trinidad)

VERBREITUNG: Trinidad, Guyana, Venezuela und Brasilien

Der Name *Catasetum*, abgeleitet von dem griechischen Wort *kata* - ’herab’ und dem lateinischen *seta* - ’Borste’, bezieht sich auf die beiden antennenähnlichen Anhängsel an der Säulenbasis der männlichen Blüten. Eine oder beide von ihnen wird leicht von besuchenden Insekten — normalerweise sind es Bienen — berührt, die die Quelle des würzigen Duftes zu erreichen suchen, die sich meist am Grund der Säule befindet. Die Bewegung der Antennen löst einen Mechanismus aus, der bewirkt, daß das gesamte Pollinarium auf den Rücken der Biene geschleudert wird, wo es sofort fest kleben bleibt. Wenn die Biene in eine weibliche Blüte eintritt, die sich in der Regel an einer anderen Pflanze befindet, ist die Antherenkappe bereits abgefallen und der Stipes hält das Pollinarium in genau der Lage, in welcher es auf die Narbe übertragen werden kann.

Catasetum ist eine der wenigen Orchideenarten, die zwei oder drei verschiedene Blütentypen hervorbringen kann. Bei der ersten Entdeckung der Pflanzen wurde diese merkwürdige Eigenschaft noch nicht verstanden. So wurden Pflanzen mit weiblichen und einige wenige mit zwittrigen Blüten als Vertreter anderer Gattungen als derjenigen, zu der die Orchideen mit den merkwürdigen Antennen an den männlichen Blüten gehörten, beschrieben. CHARLES DARWIN, der diese Phänomene erforschte, erhielt Pflanzen von seinem Freund JOSEPH HOOKER in Kew und wies nach, daß sie alle zur gleichen Gattung und in einigen Fällen zu einer einzigen Art gehörten.

Cleisostoma paniculatum (KER GAWLER) GARAY

VERBREITUNG: China einschließlich Hong Kong und Taiwan

Cleisostoma ist eine große Gattung monopodialer, in der Regel epiphytisch wachsender Orchideen mit kleinen Blüten. Etwa 80 bis 100 Arten sind über Asien und die benachbarten Inseln bis nach Australien und den pazifischen Raum beheimatet. Der Name bezieht sich auf den nahezu vollständigen Verschluß des Sporneingangs durch einen großen Kallus (vom griechischen *kleistos* - 'verschlossen' und *stoma* - 'Mund'). Diese Art wurde von JOHN LINDLEY anläßlich der Veröffentlichung dieser Zeichnung in BAUERS *Illustrations of Orchidaceous Plants* in die Gattung *Sarcanthus* gestellt. Bereits 1817 hatte JOHN BELLENDEN KER (geb. GAWLER) die Pflanze als 'Sir Joseph Banks's *Aerides*' beschrieben (*Botanical Register*, Tafel 220). Im Jahr 1820 führte sie ROBERT BROWN in die Gattung *Vanda* über. Die kurze, fleischige Lippe besitzt an ihrer Spitze ein Paar merkwürdiger Auswüchse, die an Hörner erinnern.

Francis Bauer.

Coeloglossum viride (Linnaeus) Hartmann

VOLKSTÜMLICHE BEZEICHNUNG: Hohlzunge

VERBREITUNG: in den nördlichen gemäßigten Regionen der
Nordhalbkugel in Europa, Asien und Nordamerika

Diese etwas unauffällige Orchidee ist hinsichtlich ihrer Färbung ziemlich variabel : oft ist sie braun oder purpurrot überlaufen, während die typischen Formen eine blaßgrüne Lippe mit roter oder brauner Färbung des Fruchtknotens und der Blütenbasis aufweisen. Die Hohlzunge wächst an grasigen Ufern und in Wiesen, die von Büschen durchsetzt sind. Sie kann aber auch in Nadel- oder Laubwäldern angetroffen werden. In Asien kommt sie noch in 4000 m Meereshöhe vor. In der Regel findet man sie auf kalkhaltigen Böden, jedoch ist ihr Vorkommen nicht auf diese Unterlage beschränkt, denn sie ist auch wohlbekannt als Besiedler von Moor- oder Heideböden, die bekanntlich stark sauer reagieren können.

Der Blütenbau dieser einzigen Art ihrer Gattung ist einmalig: die verlängerte Lippe ist an ihrer Spitze dreilappig, wobei vom mittleren Lappen ein Band verdickten Gewebes bis hin zum eigentlichen Nektarium zieht, welches von einem kurzen, knolligen Sporn gebildet wird. Zwei kleine Höhlungen an jeder Seite der Lippenbasis bergen kleine Mengen Nektars, die mehr versprechen. Der Sporn hat einen engen Eingang unmittelbar unter der Narbenfläche. DARWIN vermutete, daß sich ein besuchendes Insekt zunächst einmal für eine gewisse Zeit an der Lippenbasis verköstigt, bis es diesen engen Eingang sucht. So können sich Pollinien, die von einer anderen Blüte mitgebracht wurden, unter leichtem Austrocknen etwas nach vorne biegen und in eine Position gelangen, in der sie auf die Narbe treffen. Ungeachtet oder gerade wegen dieser Vorrichtungen werden leicht Samen angesetzt und die Pflanzen oft schon kurz nach der Blüte in fruchtendem Zustand angetroffen. Der Gattungsname bezieht sich auf die griechischen Begriffe *koilos* - 'hohl' und *glossa* - 'Zunge'.

Cymbidium aloifolium (Linnaeus) Swartz

VERBREITUNG: weit verbreitet in Südostasien: bekannt von Sri Lanka, Indien, Sikkim, Nepal, Südchina, Hong Kong, Kambodscha, Vietnam, Laos, Thailand, Westmalaysia, Java und Birma

Cymbidium-Hybriden werden gemeinhin kultiviert und in vielen Teilen der Welt als Gewächshaus- oder Zimmerpflanzen gezogen. Dagegen finden sich die Wildarten, aus denen sie nach mehr als einem Jahrhundert züchterischer Bemühungen entstanden sind, weit weniger häufig in menschlicher Obhut.

Cymbidium aloifolium ist einer der ersten Vertreter dieser Orchideengruppe, der in Europa bekannt wurde, und die Typusart der Gattung. Sie wurde erstmals von H. A. VAN RHEEDE TOT DRAAKESTEIN, dem Gouverneur von Malabar zu Beginn des 18. Jahrhunderts abgebildet. Sein *Hortus Indicus Malabaricus* ist eines der berühmtesten frühen Florenwerke und wurde in Amsterdam zwischen 1678 und 1703 veröffentlicht. LINNÉ zitierte diese Figur, als er 1753 die Art in seinem Werk *Species Plantarum* als *Epidendrum aloifolium* beschrieb. So wurde diese Art als eine der ersten epiphytischen Orchideen im binären Nomenklatursystem LINNÉ benannt. Der schwedische Botaniker OLOF SWARTZ überführte diese Art in die Gattung *Cymbidium*, als er diese 1799 aufstellte. Tatsächlich stellt *Cymbidium aloifolium* auch den Typus dieses neuen Genus. BAUERS Zeichnung entstand nur zwei Jahre später, im August 1801, wobei Pflanzen bereits 1789 über den Handelsgärtner CONRAD LODDIGES nach Kew gekommen waren.

Dieses *Cymbidium*, eine der Tieflandsarten in Südostasien, besitzt derbe, fleischige Blätter und erträgt auch trocken-heiße Bedingungen in ziemlich offenen Wäldern. Es wächst in Gabelungen von Baumstämmen und in den Vertiefungen großer Äste. Die Orchideen blühen während der Regenzeit (oftmals im April) und können sogar auf einzeln stehenden Bäumen überleben, die auf den Feldern oder in der Nähe von Häusern nach dem Fällen der Urwälder stehen gelassen wurden.

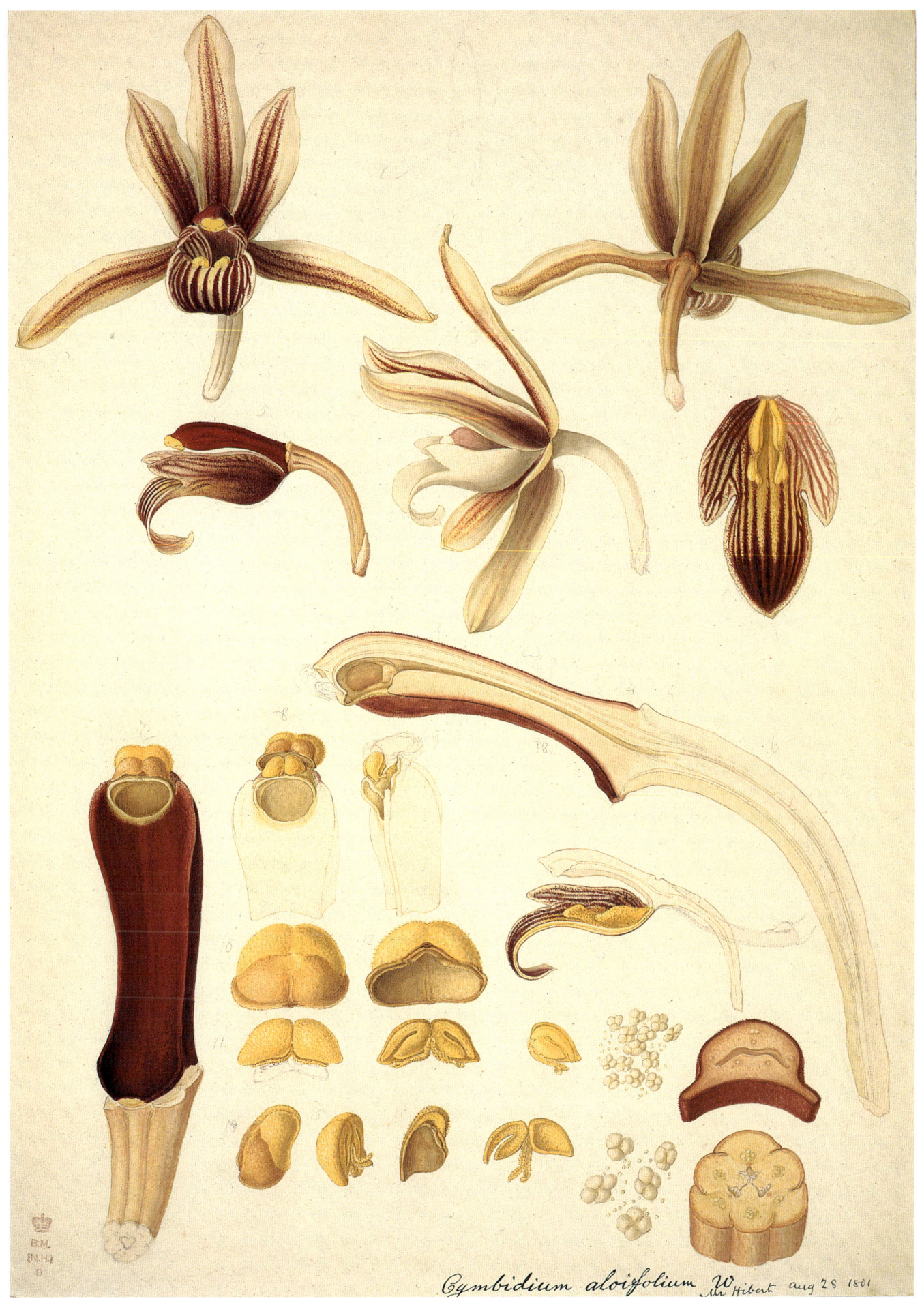

Cymbidium aloifolium W
Mr Hibert aug 28 1801

Cymbidium ensifolium (LINNAEUS) SWARTZ

VERBREITUNG: weit verbreitet in Südostasien: Sri Lanka, Indien, China, Hong Kong, Taiwan, Ryukyu-Inseln, Vietnam, Laos, Kambodscha, Thailand, Malaysia, Sumatra, Java, Borneo, Neuguinea und Philippinen

Diese Art wurde LINNÉ durch ein Exemplar bekannt, das der schwedische Botaniker und Missionar PEHR OSBECK in Kanton erworben hatte. Er merkte an, daß sie in chinesischen Häusern wegen ihres Duftes kultiviert wurde. Obwohl *Cymbidium ensifolium* in Europa oder Amerika niemals eine weitere Verbreitung gefunden hat, ist sie in China und Japan seit mehr als 2000 Jahren in Kultur. Es gibt zahlreiche benannte Varietäten, die gärtnerisch anhand kleiner Abweichungen an Blättern und Blüten unterschieden werden. Wie die buntblättrigen Formen werden Pflanzen mit blaßgrünen oder cremefarbenen Blüten, denen rötliche Pigmente fehlen, hoch bezahlt. Einer Albinoform mit 13 Blüten an ihrer Blütenähre wird eine wohltätige Wirkung auf die als unfruchtbar geltende Ehefrau des während der Ch'in-Dynastie (249-207 v. Chr.) herrschenden Kaisers SHI-KOTEI zugeschrieben. Der Kaiser erhielt ein Exemplar dieses schönen *Cymbidium*, und als es im nächsten Herbst im Gemach der Kaiserin zur Blüte kam, verströmte es einen bezaubernden Duft. Daraufhin gebar sie einen Sohn und später im Jahresabstand zwölf weitere Söhne, die alle tapfer und weise waren.

In der Natur wächst diese Art auf dem Boden im lichten Schatten luftfeuchter Standorte. Oft findet man sie in der Nähe eines Flusses oder an morastigen Stellen. In Kultur kann sie kaum übergossen werden und blüht in der Regel im Spätsommer oder Herbst. *Cymbidium ensifolium* war eine der ersten chinesischen Orchideen, die in Kew wuchsen und blühten, zuerst vorgestellt von JOHN FOTHERGILL vor 1780.

Cypripedium acaule AITON

VOLKSTÜMLICHE BEZEICHNUNG: Stengelloser Frauenschuh
VERBREITUNG: Nordamerika: Kanada und östliche USA

Diese Art wurde zuerst im *Hortus Kewensis* benannt, der unter dem Namen des dort beschäftigten Gärtners WILLIAM AITON veröffentlicht wurde, obwohl die eigentlichen Verfasser SOLANDER und DRYANDER waren, die beiden Bibliothekare von Sir JOSEPH BANKS. AITON erhielt die Pflanze wahrscheinlich von WILLIAM HAMILTON, Professor der Botanik in Glasgow (1781-90). Es handelt sich um den häufigsten nordamerikanischen Frauenschuh, der sowohl an trockenen als auch an moorigen Stellen, sowohl in Wäldern als auch im offenen Gelände wächst. Man erkennt ihn leicht an seinen weichen, ziemlich behaarten Blättern, die im zeitigen Frühjahr die Laubdecke des Bodens durchbrechen. Sobald sie an Größe zunehmen, beginnt eine Knospe zwischen ihnen emporzuwachsen. So besteht die ausgewachsene Pflanze lediglich aus einem Paar basaler Laubblätter und einer sich zwischen diesen erhebenden Blüte. Starke Pflanzen vermögen mehrere solcher Triebe hervorzubringen, so daß eine Gruppe von Blüten beieinander steht.

Obwohl *Cypripedium acaule* lange für seine rosafarbenen Blüten bekannt war, ist die stark vergrößerte und etwas grotesk geformte Lippe sehr variabel. Es sind Formen mit fast roter Lippe bekannt. Eine weiße Lippe, begleitet von einem gelblichen Grün der anderen Blütenteile gibt der Pflanze auf dem schattigen Waldboden ein etwas geisterhaftes Aussehen. Während man im Süden seines Verbreitungsgebietes diesen Frauenschuh bereits im April in Blüte finden kann, verzögert sich weiter im Norden des Kontinents das Blühen bis zum Juli.

Cypripedium arietinum R. Brown

VOLKSTÜMLICHE BEZEICHNUNG: Widder-Frauenschuh
VERBREITUNG: Nordamerika: beschränkt auf die südlichen Teile
des östlichen Kanada und den äußersten Norden der USA

Das artspezifische Epitheton dieser Frauenschuhart bezieht sich auf die mit einiger Phantasie erkennbare Ähnlichkeit der Blüte mit einem Widderkopf (vom lateinischen Wort *aries* - 'Widder'), wobei Sepalen und Petalen Ohren und Hörner auf beiden Seiten der seltsam geformten Lippe repräsentieren. Name und Beschreibung wurden von ROBERT BROWN 1813 in der zweiten Auflage von AITONS *Hortus Kewensis* veröffentlicht. Die Pflanze kam über die Handelsgärtnerei CHANDLER and BUCKINGHAM nach Kew. BAUERS Zeichnung trägt am unteren Rand die Notiz 'Cyp. arietinum flowered in my own garden May 10 1813' (Cyp. arietinum, blühend in meinem eigenen Garten, 10. Mai 1813).

Heute ist dies eine seltene Art in Nordamerika, die in zwei sehr verschiedenen Lebensräumen ge-funden werden kann: Einerseits kommt sie in *Sphagnum*-Sümpfen in Lebensbaum-Wäldern (Gattung *Thuja*) vor, andererseits auch an verhältnismäßig trockenen Standorten in dünnen Erdauflagen über Kalkstein oder Sand. Gewöhnlich wird dieser Frauenschuh von anderen Orchideenarten begleitet, von denen aber keine andere ebenfalls an beiden Standorten zu finden ist.

Einige Wissenschaftler betrachten diese Art wegen der einzigartigen Form der Lippe als Vertreter der eigenständigen, insgesamt zwei Arten umfassenden Gattung *Criosanthes. Criosanthes plectrochilon* ist die einzige andere Art mit diesem Merkmal. Obwohl sie eine bemerkenswerte Ähnlichkeit mit der hier dargestellten Orchidee zeigt, kommt sie nur in den Bergen des südöstlichen China vor.

Der europäische Frauenschuh ist eine der berühmtesten Orchideen überhaupt. Seine Blüten sind überraschend groß und neben denen anderer europäischer Orchideen aufsehenerregend. Seine Seltenheit in unseren Tagen hat den Ruf des Geheimnisvollen noch weiter vermehrt.

Sein Volksname im Deutschen ist u.a. Marienschuh, das im 17. Jahrhundert von den Autoren der Kräuterbücher zu *Calceolus Mariae* latinisiert wurde. LINNÉ schuf den Namen *Cypripedium* (vom Griechischen *Kypris*, nach Aphrodite, die bei Zypern den Wellen des Meeres entstiegen sein soll, und *podion* - 'Füßchen'). Eine Nebenbedeutung des griechischen Wortes *pedion* ist 'weibliche Gentitalregion'. Deshalb nahmen deutsche Gelehrte, aufgeschreckt durch den Gedanken, Gärtner könnten unschuldigerweise ein obszönes Wort verwenden, zunächst den Wortbestandteil *'pedilon'* - 'Pantoffel' oder 'Sandale'.

LINNÉ benannte die Gattung in seiner *Flora Lapponica* (1737) und seine Schreibweise ist diejenige, die auch heute noch verwendet wird. Er benannte die Sammelart *Cypripedium calceolus* in seiner *Species Plantarum* (1753), wobei er hierzu noch eine ganze Reihe weiterer Sippen als Varietäten stellte, die heute als eigenständige Arten aufgefaßt werden.

Der 'sabot de Venus' (Frankreich) oder der 'lady's slipper' (England) ist heute zur seltenen Pflanze geworden, obwohl er an einigen Stellen in Schweden noch sehr häufig vorkommt. Durch Gesetze ist er in fast allen seiner europäischen Verbreitungsgebiete geschützt. In den Königlichen Botanischen Gärten von Kew gelang es, in einem von Sir ROBERT und Lady SAINSBURY initiierten Arterhaltungsprogramm junge Pflanzen aus Samen heranzuziehen und einige der Keimlinge an sicheren Standorten auszupflanzen. Es besteht Hoffnung, daß es gelingt, die Abnahme der Populationen dieser attraktiven Orchidee rückgängig zu machen und die Übeltaten von Gartenfreunden und Botanikern zu korrigieren, die so viele Pflanzen gesammelt hatten, daß in ganz England in der Natur nur noch ein einziger ausgewachsener Frauenschuh übrig geblieben war. Am Ende des 18. Jahrhunderts wurden Pflanzen aus den nahegelegenen Wäldern auf dem Marktplatz von Settle (Yorkshire) verkauft. Die Pflanze, die BAUER zeichnete, wurde für ihn ebenfalls in Yorkshire gesammelt.

Cypripedium calceolus LINNAEUS
VOLKSTÜMLICHE BEZEICHNUNG: Frauenschuh
VERBREITUNG: Europa und nördliches Asien

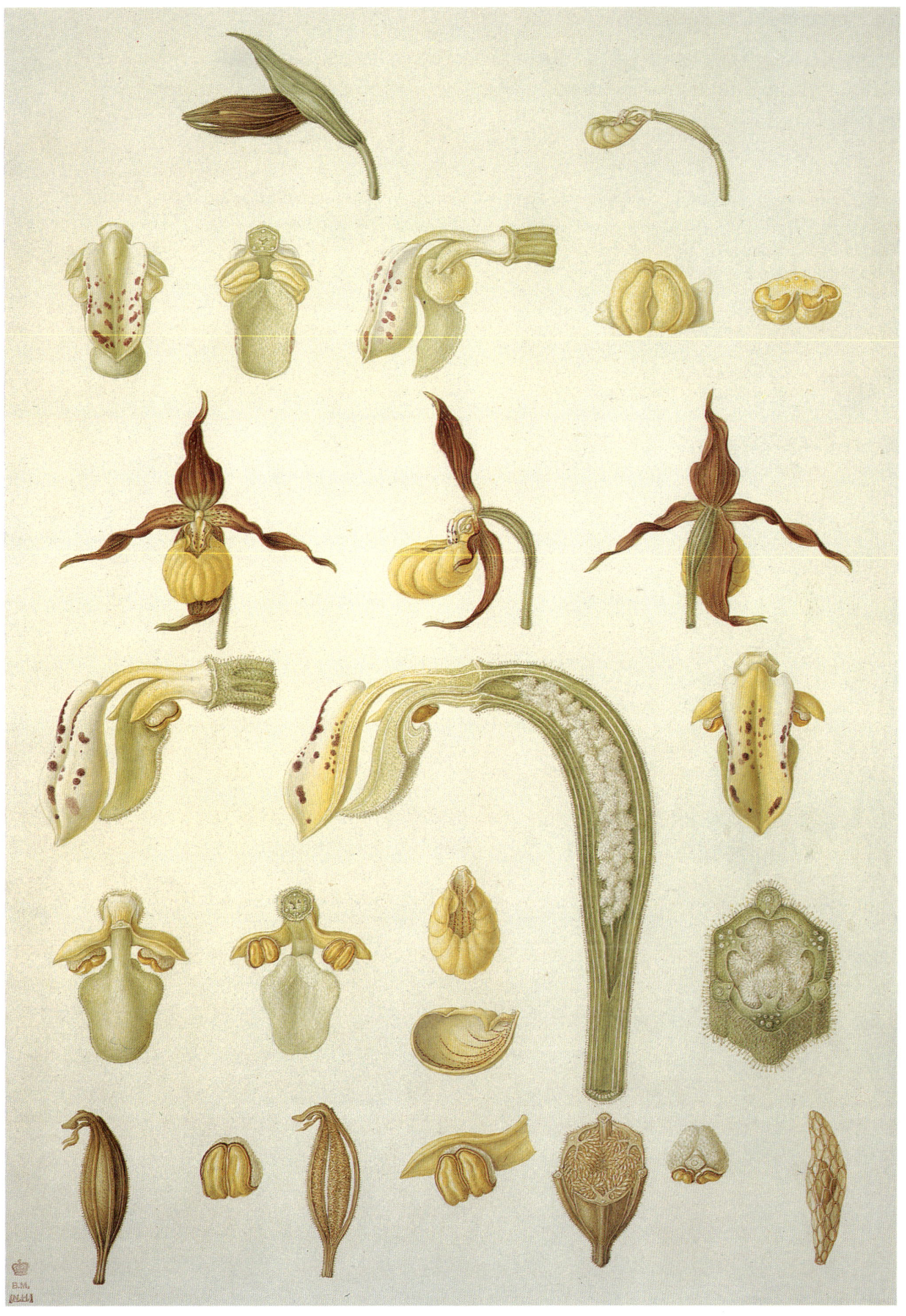

Cypripedium parviflorum SALISBURY

VOLKSTÜMLICHE BEZEICHNUNG: Kleinblütiger Frauenschuh
VERBREITUNG: Nordamerika: nordöstliche USA und südliche Teile des östlichen Kanada

Diese Orchidee ähnelt dem europäischen Frauenschuh so stark, daß viele Bearbeiter sie nur für eine Varietät dieser Art halten. Sie ist viel kleiner als die anderen gelbblütigen Frauenschuhorchideen Nordamerikas und kommt nur an luftfeuchten, sumpfigen Stellen in vollem Sonnenschein vor. So unterscheidet sich diese Art bei gleicher Blütenfärbung sowohl durch ihren Lebensraum, als auch durch ihre geringere Größe von den europäischen Pflanzen. Ebenfalls charakteristisch ist der Duft, den viele Menschen bei Wildpflanzen in der Natur festgestellt haben. *Cypripedium parviflorum* wurde 1759 durch PHILIP MILLER eingeführt, der diese Orchidee in Chelsea kultivierte.

In seiner Beschreibung in *Curtis's Botanical Magazine* von 1830 (Tafel 3024) war sich WILLIAM JACKSON HOOKER über die Unterschiede zur folgenden Art sicher. Er hatte die Gelegenheit, sie nebeneinander in einem kühl gehaltenen Kastenbeet im Botanischen Garten von Glasgow zu beobachten. In der Kultur wie auch in der Natur sind wohlgewachsene Pflanzen gut voneinander zu unterscheiden, während Herbarexemplare viel schlechter zu bestimmen sind.

Cypripedium pubescens WILLDENOW

VOLKSTÜMLICHE BEZEICHNUNG: Behaarter Frauenschuh
VERBREITUNG: weit verbreitet in Kanada und den östlichen USA
mit einzelnen Vorkommen in einigen südlicheren Bundesstaaten

Dies ist die am weitesten verbreitete der amerikanischen Frauenschuhorchideen der Gattung *Cypripedium*, und sie hat auch die größten Blüten. Die Sepalen und Petalen sind in der Regel gelbgrün gefärbt und blasser als die große goldfarbene Lippe, können aber purpurbraun geadert sein, was ihnen eine rötliche Schattierung verleiht. Zahlreiche Abweichungen kommen vor und mindestens zehn verschiedene Varietäten wurden beschrieben.

Wahrscheinlich ist es am angemessensten, diese Sippe als einzige, ziemlich variable Art zu betrachten, obwohl viele Botaniker sie für eine Varietät von *Cypripedium calceolus* halten. Die Blütezeit hängt von der geographischen Lage ab: Pflanzen im Süden blühen bereits im April, während im hohen Norden die Blüten nicht vor dem August erscheinen. Die Lebensräume sind so variabel wie die Form. Die Fähigkeit dieser Orchidee, auf den verschiedensten Böden, in Wäldern und Weideland, im Schatten und in vollem Sonnenlicht zu wachsen, mag für die weite Verbreitung und die Formvariabilität verantwortlich sein. Zuerst wurde sie durch Sir JOSEPH BANKS in die Königlichen Gärten von Kew eingeführt.

Cypripedium reginae WALTER

VOLKSTÜMLICHE BEZEICHNUNG: Mokassin-Frauenschuh
VERBREITUNG: Nordamerika: südliches Kanada von
Ostsaskatchewan bis Neufundland und nordöstliche USA

Diese aufsehenerregende Orchidee war eine der ersten, die in einer kolonialen Flora beschrieben wurde. Der in Großbritannien geborene Botaniker THOMAS WALTER publizierte Namen und Beschreibung in seiner *Flora Caroliniana* von 1788, obwohl sie bereits 1753 von LINNÉ als Varietät von *Cypripedium calceolus* erwähnt wurde. Ein Jahr später wurde sie in AITONS *Hortus Kewensis* als *C. album*, also als Weißblütiger Frauenschuh beschrieben. Er berichtete, daß diese Orchidee in Kew um 1770 durch WILLIAM YOUNG eingeführt worden war. Gleichwohl wurde sie bereits vor 1731 in englischen Gärten in Kultur genommen, denn PHILIP MILLER pflegte in diesem Jahr bereits Pflanzen in Chelsea.

BAUER kannte diesen Frauenschuh unter dem weiteren Synonym *Cypripedium spectabile*, welches 1791 von SALISBURY veröffentlicht worden war. BAUER notierte auf einer seiner Zeichnungen dieser Art, daß das dargestellte Exemplar aus dem Garten von Lady BANKS stammte, gab aber kein Datum dazu an. Während dieser Zeit fanden in Kew häufige Einfuhren lebender Pflanzen aus Nordamerika statt. JOHN LINDLEY kommentierte 1840, daß dies eine der hübschesten amerikanischen Frauenschuhorchideen und nicht unbekannt in den Gärten Englands sei. 'Sie überlebt gleichwohl nur das erste oder zweite Jahr nach ihrer Einfuhr. Diejenigen, denen die Kultur am besten gelingt, halten sie ganzjährig unter Glas in einem mäßig warmen Klima und sehr nahe dem Licht bis zur Welke der Blätter. Dann wird das Pflanzgefäß auf ein trockenes Sims gestellt, bis die Wachstumszeit neu einsetzt.' Dies scheint ein merkwürdiger Rat für die Kultur einer Pflanze, deren ursprünglicher Lebensraum der Rand nasser Torfmoore ist.

In der Natur ist der attraktive Königsfarn *Osmunda regalis* ein häufiger Begleiter, welcher ebenfalls feuchte Standorte bevorzugt. *C. reginae* kann heute ohne Schwierigkeiten aus Samen herangezogen werden, wodurch der Import von Wildpflanzen zurückgegangen ist.

Dendrobium linguiforme Swartz

VERBREITUNG: östliches Australien

Einige Orchideen erkennt man an ihren markanten Blättern auch dann leicht, wenn sie nicht blühen. Bei dieser Art sind die Blätter zungenförmig (deshalb auch die Ableitung des Epitheton vom lateinischen *lingua* - 'Zunge' und *forma* - 'Gestalt') und besitzen auch die feine Rauhigkeit mancher Tierzungen. Das Stämmchen ist kurz und kriecht in der Regel entweder auf der Rinde eines Baumes oder — weit häufiger — auf Sandsteinfelsen. Die Blätter sind so derb, daß sie auch auf dunklen Felsen einer vollen Besonnung widerstehen. Während einer langen Trockenzeit können sie schrumpfen, nach dem Wiedereinsetzen des Regens werden sie aber bald wieder saftig.

Die schlanken Blüten sind cremefarben oder schillernd weiß mit schmalen Sepalen und Petalen und einer kurzen, gekrümmten Lippe. In BAUERS vergrößerter Figur einer Einzelblüte wurde eine Sepale abpräpariert, um die Lippe freizulegen, die oftmals purpurblau getupft ist. In der Natur findet man üblicherweise zwischen sechs und 20 Blüten innerhalb eines Blütenstandes. Da mehrere Blütenstände gleichzeitig ausgebildet werden können, bietet sich oft ein prächtiger Anblick.

Die Art kann leicht etabliert und kultiviert werden, vorausgesetzt, die Pflanzen werden sehr hell bei hoher Luftfeuchtigkeit und ausreichender Luftbewegung kultiviert. Der Gattungsname *Dendrobium* (vom griechischen *dendron* - 'Baum' und *bios* - 'Leben') bezieht sich auf die erste beschriebene Art dieser umfangreichen Gattung: *D. moniliforme* aus Japan lebt epiphytisch.

Fig. 1.

Fig. 3

Fig. 2.

Dendrobium speciosum J. E. SMITH

VERBREITUNG: Australien: Queensland,
New South Wales und Victoria

Das Epitheton *speciosum* bedeutet 'prächtig' und es ist sicher diesem auffallenden Felsbewohner aus dem östlichen Australien angemessen. Obwohl diese Art in anderen Gegenden ihres Verbreitungsgebietes auch auf Bäumen angetroffen wird, kommt die typische Varietät, die BAUER abbildete, aus der Gegend von Port Jackson, dem heutigen Sydney (New South Wales), wo sie fast stets auf Sandsteinfelsen vorkommt.

Die wachsartigen Blüten sind weiß, cremefarben oder gelb und werden von langen, sich über die Blätter erhebenden Blütentrauben hervorgebracht, die sich jeweils an der Spitze der konischen Pseudobulben befinden. Sie werden von zahlreichen Insekten, darunter auch kleinen Bienen, besucht. Große, kugelige Früchte werden nach erfolgreich verlaufener Bestäubung ausgebildet, von denen jede viele tausend Samen birgt.

Dies ist eine der am einfachsten zu kultivierenden australischen Orchideen. Sie benötigt kühle und trockene Bedingungen während des Winters und hohe Lichtintensitäten, viel Wärme und hohe Luftfeuchtigkeit im Sommer. Unerläßlich ist ein grobes Kultursubstrat, das eine gute Drainage gewährleistet. Sie kann in Lattenkörbchen oder auf Rinde kultiviert werden. In tropischen oder subtropischen Gärten gedeiht diese Pflanze auch gut in einem Steingarten. Zu schützen ist sie vor Schädlingen, besonders dem Käfer *Stethopachys formosa*, der große Fraßschäden verursachen kann. Pflanzen in größeren Gefäßen können einen prächtigen Blütenschmuck für Blumenschauen hervorbringen.

Fig. 1.

Fig. 2.

Fig. 3.

Dipodium punctatum (J.E. SMITH) R. BROWN

VERBREITUNG: Australien: New South Wales, Victoria, Südaustralien und Tasmanien

Diese laubblattlose terrestrische Orchidee wird in der Regel als Saprophyt beschrieben und hinsichtlich ihrer Ernährung als abhängig von einem Mykorrhizapilz angesehen. Sie kommt auf einer Vielzahl von verschiedenen Bodentypen vor, ist aber normalerweise mit einer *Eucalyptus*-Art eng vergesellschaftet. Möglicherweise liegt hier eine ähnlich komplexe Assoziation zwischen Orchidee, Baum und Pilz vor, wie sie im Falle von *Rhizanthella gardneri* neuerdings nachgewiesen werden konnte. Alle Versuche, diese Art in Kultur zu nehmen, sind gescheitert, obwohl eingepflanzte Rhizome vor dem Absterben einen oder zwei Blütenstände hervorbrachten.

ROBERT BROWN gründete 1810 seine neue Gattung *Dipodium* auf diese Art, die früher von J. E. SMITH anhand von Pflanzen beschrieben worden war, die aus der Nähe von Port Jackson stammten. Der Name *Dipodium*, nach dem griechischen *di* - 'zwei, doppelt' und *podion* - 'Füßchen', bezieht sich auf die zwei kleinen Stielchen der Pollinien.

Blühende Triebe bieten einen attraktiven Anblick in den Wäldern und Gebüschformationen des östlichen Australien. Im ausgewachsenen Zustand sind sie über einen Meter hoch und tragen jeweils bis zu 60 Blüten an den dicken, rötlichen Achsen. Mehrere Blütentriebe erscheinen oft gemeinsam, wie BAUER es auch zeichnerisch dargestellt hat.

Fig. 1.

Diuris aurea J. E. Smith *(links)*

VERBREITUNG: Australien: New South Wales

Diuris sulphurea R. Brown *(rechts)*

VERBREITUNG: Australien: von Queensland südwärts bis nach Tasmanien

Die goldfarbenen Blüten dieser Orchidee erscheinen im Frühjahr und erzeugen bezaubernde goldene Farbtupfer vor der Kulisse von Gräsern und Seggen sowohl in lichten Wäldern als auch in feuchten Niederungen. Anhand ihrer reinen orangeroten Blütenfarbe läßt sie sich leicht von anderen gelbblühenden Orchideen dieser Gattung unterscheiden. Durch GEORGE CALEY kamen 1810 die ersten Pflanzen nach Kew, während diese Zeichnung nach Exemplaren angefertigt wurde, die Colonel WILLIAM PATERSON, Gouverneur von New South Wales zwischen 1800 und 1810, nach England geschickt hatte.

Diuris aurea wurde von J. E. SMITH 1798 als Typusart der Gattung vorgeschlagen. Der Name bezieht sich auf die beiden seitlichen Sepalen, die am unteren Rand der Blüte wie zwei Schwänze hervorstehen (vom griechischen *dis* - 'zwei' und *oura* - 'Schwanz'). Es ist merkwürdig, daß die englische Bezeichnung donkey orchid — 'Eselsorchidee' auf die beiden seitlichen Petalen Bezug nimmt, die bei einigen Arten der Gattung wie Eselsohren die Blüten überrragen.

Diese schlanke Orchidee ist sehr weit verbreitet und an manchen Stellen sehr häufig. Sie trägt nur zwei grasartige Laubblätter. Die leuchtend gelben Blüten zeigen große braune Flecken an der Basis des dorsalen Sepalums und auf der Lippe.

Wie die meisten der etwa 40 Arten der Gattung *Diuris* gedeiht diese Orchidee gut in Kultur, läßt sich aber manchmal nur schwer zum Blühen bringen, wenn die Knollen in zu große Töpfe gepflanzt wurden. In der Natur erzeugen kleine Trupps dieser Pflanzen die reizvollsten Anblicke, wenn ihre Blüten mit dem ersten frischen Frühjahrsgrün über den im Herbst herabgefallenen braunen Blättern und den dürren Gräsern erscheinen.

Fig. 1.

Fig. 2.

Encyclia cochleata (LINNAEUS) LÉMÉE

VERBREITUNG:　von Mexiko südlich bis nach Kolumbien und Venezuela; Florida und Westindische Inseln

Diese Art war eine der ersten epiphytischen Orchideen, die in den Sammlungen der Königlichen Gärten von Kew 1787 zur Blüte kam, nur ein Jahr nach *E. fragrans* (SWARTZ) LÉMÉE. Das Epitheton *cochleata* bezieht sich auf die Lippe, die wie die Schale einer Herzmuschel geformt ist. Dieser Name wurde 1703 von dem französischen Missionar, Entdecker und Botaniker CHARLES PLUMIER vorgeschlagen. LINNÉ stellte die Art in der zweiten Auflage seiner *Species Plantarum* von 1763 zu seiner Gattung *Epidendrum*.

Obwohl die Gattung *Encyclia* von W. J. HOOKER bereits 1828 aufgestellt worden war, wurde sie viele Jahre lang nur als eine Sektion von *Epidendrum* behandelt. DRESSLERS Untersuchungen dieser Gattung in Mexiko und Zentralamerika und seine überzeugenden Argumente haben seit 1961 zu ihrer endgültigen Anerkennung geführt. LÉMÉE führte 1955 in seiner *Flore de la Guyane Française* die hier abgebildete Sippe formal in die Gattung *Encyclia* über.

Diese weitverbreitete Art kommt in den verschiedenartigsten Waldtypen sowohl an schattigen wie auch an voll besonnten Standorten vor. Unter den letztgenannten Bedingungen sind die Blätter oft ziemlich gelbgrün und an der Spitze verbrannt. Nach BAUERS Zeichnung hat es den Anschein, als wäre die von ihm wiedergegebene Pflanze aus den Sammlungen von Kew zu nahe am Glas des Gewächshauses kultiviert worden.

Epipactis helleborine (Linnaeus) Crantz

VOLKSTÜMLICHE BEZEICHNUNG: Breitblättrige Stendelwurz
VERBREITUNG: Nordamerika, Europa und Asien bis zum Baikalsee
und dem Himalaya Pakistans.

Die Breitblättrige Stendelwurz ist eine der hochwüchsigsten europäischen Orchideen, wenngleich nicht der größte Vertreter dieser Gattung. *Epipactis gigantea* Douglas ex Hooker wird in Nordamerika über einen Meter hoch, während *E. africana* Rendle in Kenia und im äthiopischen Hochland zwei- bis dreimal so groß wird.

An den breiten Blättern am Blütentrieb mit ihrer deutlichen Aderung läßt sich diese Orchidee leicht erkennen. Die Blüten sind hinsichtlich ihrer Färbung sehr variabel: meist sind sie trüb gefärbt, aber manchmal findet man leuchtende Schattierungen von Rosa und Grün oder sie sind violett überlaufen. *Epipactis* ist ein alter griechischer Name, mit dem das in einigen Sprachen auch als Volksname gebräuchliche *helleborine* gleichbedeutend ist.

In Großbritannien findet man diese Art in Wäldern oder auch an Waldrändern und an offenen Stellen, die zumindest während eines Teils des Tages im Schatten liegen. Sie treibt verhältnismäßig spät im Jahr: so erscheinen die neuen Sprosse im Juni, während die Blüten von Ende Juli bis in den September hinein entfaltet werden. Offenbar ziehen die Blüten Wespen an, die in dieser Jahreszeit aktiv sind.

Epipactis helleborine (Linnaeus) Crantz

VOLKSTÜMLICHE BEZEICHNUNG: Breitblättrige Stendelwurz
VERBREITUNG: Nordamerika, Europa und Asien bis zum Baikalsee
und den Ausläufern des Himalaya in Pakistan

Diese häufige Orchidee war lange vor ihrer Beschreibung durch Linné bekannt und galt als eine Art der Gattung *Serapias*. Erwähnt wurde sie in Turners *The seconde parte of William Turner's Herball* von 1562 und in vielen folgenden Werken. Aufkochungen und Aufbrühungen des Rhizoms und der Wurzeln wurden zur Behandlung von Gicht und anderen Krankheiten empfohlen.

Ihre Entdeckung im Staat New York im Jahr 1879 war eine große Überraschung in einer botanisch gut erforschten Gegend. Wie sie dorthin kam, ist ein Rätsel. Immer jedoch wird sie als europäische Pflanze angesprochen, die irgendwie eingeschleppt wurde, sich zuerst langsam und dann immer aggressiver ausbreitete, bis sie heute in einigen Gegenden fast zum Unkraut geworden ist. Sie wurde auch gesammelt und in Gärten gepflanzt. Von dort ist sie gelegentlich wieder verwildert und ist heute in den kühleren Gegenden des amerikanischen Kontinents weit verbreitet.

Diese Zeichnungen entstanden im August 1800, während die Studie der vorhergehenden Seite nicht vor 1811 vollendet wurde.

Epipactis palustris (Linnaeus) Crantz

VOLKSTÜMLICHE BEZEICHNUNG: Sumpf-Stendelwurz

VERBREITUNG: Europa und gemäßigtes Asien

Diese Art lebt in Naßwiesen, Flachmooren und nassen Dünensenken. Die Individuenanzahl ist in jüngster Zeit durch die Standortzerstörung infolge Entwässerung und Verschmutzung stark zurückgegangen. Einige Pflanzen wachsen gut in den Königlichen Botanischen Gärten von Kew und kommen dort in einem Baumbestand jährlich zur Blüte. Es gibt Hoffnung, daß die Wildpflanzen nicht nur an den verbliebenen Standorten überleben, sondern sich auch an benachbarten, noch nicht gestörten Stellen ansiedeln werden.

Die große weiße Lippe macht die Sumpf-Stendelwurz zu einer der schönsten der knapp über 20 Arten der Gattung *Epipactis*. Der behaarte Fruchtknoten besitzt einen schlanken Stiel, so daß sich die Blüten bereits bei einem schwachen Lufthauch bewegen. Im zeitigen Juli bietet ein Sumpf mit sich solcherart wiegenden Blütenständen einen Anblick, den man so schnell nicht vergißt. Viele verschiedene Insekten besuchen und bestäuben die Blüten. Bienen, Fliegen, Käfer und sogar Spinnen wurden in den Blüten gefunden. Sie scheinen auf dem Rückzug aus der Blüte in Kontakt mit den Pollinien zu kommen, wobei sie beim Krabbeln über den Kallus an der zentralen Einschnürung der Lippe in die richtige Position gebracht werden.

"August 2. 1799"

Epipactis palustris W

Galearis spectabilis (Linnaeus) Rafinesque

VERBREITUNG: östliche USA und südöstliches Kanada

Diese Art wurde von Linné als *Orchis spectabilis* beschrieben und war eine der wenigen nordamerikanischen Orchideen, die er in seine *Species Plantarum* von 1753 aufnahm. Das Epitheton *spectabilis* - 'ansehnlich' bezieht sich auf die auffälligen Blüten, die bei oberflächlicher Betrachtung denen der europäischen Gattung *Orchis* gleichen. Die großen Tragblätter unterhalb jeder Blüte und das Paar großer Laubblätter, zwischen denen sich die Infloreszenz erhebt, geben der Pflanzen ein kennzeichnendes Aussehen. Die Triebe entspringen einem kurzen, fleischigen Rhizom und nicht einer Knolle wie bei den *Orchis*-Arten. 1833 stellte der amerikanische Botaniker Rafinesque die neue Gattung *Galearis* auf, um den Besonderheiten dieser nordamerikanischen Art Rechnung zu tragen. Von dem lateinischen Wort *galea* - 'Helm' abgeleitet, bezieht sich der Name auf die Art, wie sich die Sepalen und Petalen kapuzen- oder helmartig über die Säule wölben.

Sie ist eine der häufigeren Orchideen der Wälder des östlichen Nordamerika und auch eine der am frühesten blühenden Pflanzen dieser Region. Man findet sie vor dem Laubaustrieb der Bäume in den verschiedensten ungestörten Waldgesellschaften. Dies ist oftmals so früh, daß die Blüten durch Spätfröste oder einen späten Schneefall verdorben werden. In der Regel findet man eintriebige Pflanzen in manchmal ausgedehnten Kolonien, jedoch treten gelegentlich auch kleinere Trupps mit vieltriebigen, gemeinsam blühenden Exemplaren auf. Die Blütenfarbe ist ziemlich veränderlich, wobei sowohl reinweiße als auch rein rosafarbene Blüten beobachtet wurden. Die attraktivsten sind diejenigen mit einem hübschen Kontrast zwischen einem blaßrosafarbenen Helm und einer cremeweißen Lippe.

Pflanzen dieser Art wurden von Francis Masson, einem Sammler von Sir Joseph Banks, im Jahr 1801 nach Kew eingeführt.

Glossodia major R. Brown *(links)*

VERBREITUNG: Australien: südöstliches Queensland, südlich bis Tasmanien

Caladenia caerula R. Brown *(rechts)*

VERBREITUNG: Australien: weit verbreitet vom südöstlichen Queensland bis nach Tasmanien und in Westaustralien

ROBERT BROWN beschrieb zwei Arten der Gattung *Glossodia* (vom griechischen *glossodes* -'zungenähnlich'; im Bezug auf den zungenartigen Kallus an der Lippenbasis), als er die Gattung im Jahr 1810 aufstellte. Diese Art ist etwas größer als die zweite, *G. minor*, und hat eine charakteristische Lippe. Letztere ist schmal herzförmig, an ihrer Spitze leuchtend purpurblau und mit einem weißen Polster an beiden Seiten im unteren Bereich und einem festen gelben Kallus an ihrer Basis ausgestattet. Obwohl BAUER seine Zeichnung nach einem getrockneten und gepreßten Exemplar angefertigt haben muß, sind die Merkmale der Lippe bemerkenswert lebensecht erfaßt, und auch das behaarte Blatt und die Sproßachse sind treffend wiedergegeben. BAUER fertigte auch eine Außenansicht der Blüte an (Fig. 2), um die kurzen Drüsenhaare der Sepalen zu zeigen.

Diese Orchidee ist weit verbreitet und häufig im östlichen Australien, der einzigen Gegend der Welt, wo blaublütige Orchideen in erwähnenswerter Zahl vorkommen. Es ist aufregend, im zeitigen Frühjahr kleine Kolonien der verschwenderisch blühenden Planzen zu finden. Wer mit den Orchideen der Tropen und der Nordhemisphäre vertraut ist, wird jedenfalls überrascht sein.

Im Jahr 1810 benannte ROBERT BROWN diese Gattung (nach dem griechischen *kalos* -'schön', *aden* -'Drüse') mit dem Hinweis auf die Drüsen oder Calli, welche die Lippe schmücken. Bei der in Fig. 3 dargestellten Art sind sie leuchtend gelb und schmücken die Ränder der ziemlich kleinen Lippe. Die leuchtend blaue Farbe dieser Art ist ziemlich ungewöhnlich für die Gattung mit ihren mehr als 100 Arten, die bis heute noch nicht alle beschrieben und benannt sind. Viele erscheinen zierlich oder gar zerbrechlich und werden in einigen Gegenden 'Feenorchideen' genannt. Einige haben stark verlängerte Sepalen und Petalen und heißen daher 'Spinnenorchideen'.

Alle Arten leben terrestrisch und bevorzugen steinigen Untergrund. Sie wachsen zwischen Gräsern und kleinen Sträuchern in lichten Wäldern und im Busch. Eine Gruppe blühender Pflanzen im zeitigen Frühjahr bietet einen bezaubernden Anblick.

Fig. 2.

Fig. 1.

Fig. 3.

Goodyera repens (LINNAEUS) R. BROWN

VOLKSTÜMLICHE BEZEICHNUNG: Kriechendes Netzblatt
VERBREITUNG: in den kühltemperierten Regionen Asiens, Amerikas
und Europas

Zwei Arten der Gattung *Goodyera* wurden in Kew kultiviert, als R. BROWN im Jahr 1813 die Gattung aufstellte. Mit dem Namen ehrte er den englischen Botaniker und Gelehrten JOHN GOODYER (1552 bis1664), der in Hampshire lebte. GOODYER übersetzte den griechischen Text des DIOSKORIDES ins Englische und war wegen seiner genauen Kenntnisse der britischen Pflanzenwelt hoch geschätzt. Die erste Art auf BROWNs Liste war *G. repens*, die, den aufrechten Blütenstand ausgenommen, mit ihren ansonsten waagrechten Achsen scheinbar auf dem Waldboden entlangkriecht. Die zweite, *G. pubescens*, ist größer und besitzt vielblütige, dichtere Infloreszenzen. Beide bilden in jedem Jahr eine neue Laubblattrosette aus. Die Blätter sind blaugrün und, zumindest bei den nordamerikanischen Exemplaren, oftmals attraktiv silbrig geadert.

Heute werden insgesamt etwa 40 *Goodyera*-Arten unterschieden, die meist an boden- und luftfeuchten Standorten vorkommen. Das kriechende Netzblatt trägt seine Blüten in einer lockeren Spirale und erinnert in dieser Hinsicht an Arten der Gattung *Spiranthes* (Drehwurz). Man findet es in moosreichen Nadel- und Birkenwäldern; seine kriechenden, fleischigen Achsen tragen nur wenige Wurzeln.

74

Himantoglossum hircinum (LINNAEUS) SPRENGEL

VOLKSTÜMLICHE BEZEICHNUNG: Riemenzunge, Bocksorchis
VERBREITUNG: westliches Europa, östlich bis in manche Gegenden
Österreichs, der Tschechischen und der Slowakischen Republik

Diese hochwüchsige Orchidee findet man in der Regel an besonnten Wiesenhängen, manchmal auch an Gehölzrändern und in frischem Grasbewuchs auf Sanddünen. Am häufigsten ist sie in Frankreich, wo sie oft im Juni oder Juli an Straßenrändern auffällt. Bis in die jüngste Zeit hinein gab es nur ziemlich wenige Standorte in England, aber in den letzten Jahren hat sie sich an einer größeren Anzahl von Stellen in der Umgebung von Straßen und auf Golfplätzen eingebürgert. Diese Standorte haben zu der Vermutung Anlaß gegeben, daß die winzigen Samen in der Kleidung von Menschen oder in an Fahrzeugen haftender Erde verbreitet werden.

Unter der Erde befindet sich ein Paar großer, eiförmiger Knollen, die die ersten Blätter bereits im Herbst bilden. Die Blätter überdauern den Winter, können aber auch in strengen Wintern an ihren Spitzen Beschädigungen erleiden. Wenn der Blütentrieb aus dem Zentrum der Rosette emporwächst, sind die untersten Blätter normalerweise bereits verwelkt. Der zottige, etwas grau gefärbte Blütenstand beeindruckt auch aus einiger Entfernung.

BAUERS Zeichnung der gesamten Pflanze wird in Göttingen aufbewahrt. Sie scheint eine Kopie einer Zeichnung von FRANZ SCHEIDEL zu sein, die 1776 als Tafel 367 in der *Flora Austriaca* des NICOLAUS VON JACQUIN veröffentlicht wurde. Die umseitig reproduzierten Abbildungen vergrößerter Blüten fertigte BAUER wesentlich später an. Diese Zeichnungen werden in seiner Sammlung von Abbildungen britischer Orchideen im Natural History Museum in South Kensington aufbewahrt.

76

Orchis hircina W.º 45.

Himantoglossum hircinum (Linnaeus) Sprengel

VOLKSTÜMLICHE BEZEICHNUNG: Riemenzunge, Bocksorchis

VERBREITUNG: westliches Europa, östlich bis in manche Gegenden Österreichs, der Tschechischen und der Slowakischen Republik

Die einzelnen Blüten der Riemenzunge erfordern eine genaue Untersuchung, um den Bau der Lippe zu verstehen, die merkwürdig verlängert ist und einen schwach in sich gedrehten Mittellappen aufweist. Der Name der Gattung bezieht sich auf diese Erscheinung, denn die griechischen Wörter *himas* und *glossa* bedeuten 'Gürtel, Riemen, Zügel' und 'Zunge'. BAUERS vergrößerte Zeichnungen enthüllen auch die verwickelten und delikaten Zeichnungen und Feinheiten der Blüte, besonders auf der Innenseite der Petalen und an der Lippenbasis.

Diese Orchidee hat zahlreiche Volksnamen in den verschiedensten Teilen Europas erhalten. In England und in anderen Ländern ist sie als 'Eidechsenorchidee' bekannt. Ihr besonderer 'ranziger oder stinkiger Geruch oder Geschmack wie die Ausdün-

stungen einer Ziege' (zitiert nach GERARD) veranlaßte frühe Autoren, sie nach dem griechischen *tragos* bzw. dem lateinischen *hircus*, beides heißt Ziegenbock, *Tragorchis, Testiculus hirci, Orchis odori hirci* zu nennen. Hieraus ergibt sich auch *hircinum*, das Epitheton LINNÉS. Der merkwürdige und manchmal ranzige Geruch der reifen Blüten lockt eine ganze Reihe von Insekten an, darunter kleine Fliegen, Bienen und manchmal Schmeißfliegen.

Die genaue Zusammensetzung des 'Duftes' der Riemenzunge wurde 1991 durch den schweizerischen Chemiker ROMAN KAISER geklärt. Wie zahlreiche andere Orchideen enthält sie ein ganzes Spektrum chemischer Bestandteile, die auch in anderen Blüten angetroffen werden.

Orchis hircina. W.

Isochilus linearis (JACQUIN) R. BROWN

VERBREITUNG: weit verbreitet im tropischen Amerika

Die kleinen Blüten dieser Orchidee mit gleichmäßig beblätterten Achsen entstehen immer an der Spitze der Stämmchen. Die Blütenblätter sind mehr oder weniger gleich lang, und so ergab sich auch der von ROBERT BROWN 1813 vorgeschlagene Name der Gattung (vom griechischen *isos*-'gleich' und *cheilos*-'Lippe').

NICOLAUS VON JACQUIN beschrieb die Art 1763 als *Epidendrum lineare* in seinem bebilderten Werk *Selectarum Stirpium Americanum Historia*. Diese Erstbeschreibung beruhte auf Material, welches JACQUIN selbst auf Martinique gesammelt hatte, seinem Hauptstandort während seines Aufenthaltes in der Karibik (1755 — 59). BAUER bildete

diese Orchidee mindestens zweimal ab. Die in Göttingen aufbewahrte Zeichnung ist eine einfache, ausgebleichte Zeichnung und scheint eine Kopie der Illustration JACQUINS zu sein.

Die hier wiedergegebene Zeichnung wurde unter BAUERS 'Kew-Pflanzen' in South Kensington gefunden und trägt die Bemerkung 'West Indies'. Sie ist nicht datiert, aber sie könnte nach einer Pflanze entstanden sein, die ROBERT BROWN bei der Abfassung seines Orchideenbeitrags zur zweiten Auflage von AITONS *Hortus Kewensis* gesehen hatte.

1791 kam diese Orchideenart durch die Vermittlung von EDWARD ELCOCK nach Kew. Es ist die Typusart der kleinen Gattung *Isochilus*.

Limodorum abortivum (LINNAEUS) SWARTZ

VOLKSTÜMLICHE BEZEICHNUNG: Dingelorchis
VERBREITUNG: Europa, besonders in den Ländern um das
Mittelmeer; Israel

Die violette Färbung der hochwüchsigen Pflanzen macht eine Bestimmung leicht. Diese Orchideenart besitzt keine Laubblätter und wird oft als Saprophyt bezeichnet. Es gibt jedoch Vermutungen, daß es sich bei der Dingelorchis um einen Parasiten handelt, zumindest während eines Teils ihres Lebens. Fast immer wird sie an Standorten gefunden, wo auch Kiefern wachsen. Man könnte vermuten, daß hier eine ähnliche komplexe Beziehung zu den Baumwurzeln unter Vermittlung eines Mykorrhizapilzes vorliegt, wie sie bei der australischen Orchideengattung *Rhizanthella* und Arten von *Melaleuca* nachgewiesen wurde.

Die merkwürdige, ja spektakuläre Orchidee ist in den wärmeren Gegenden Europas bis in etwa 1750 m Meereshöhe weit verbreitet. Man findet sie meist unter Sträuchern oder zwischen Gräsern im Schatten von Kiefern oder in Mischwald, wo verschiedene Kiefernarten einen Teil des Baumbestandes ausmachen. Sie blüht im Sommer und erreicht, nach ausreichenden Niederschlägen im vorausgehenden Winter, Höhen von 80 cm und mehr.

Limodoron ist der griechische Name einer Sommerwurz-Art aus der parasitischen Familie der *Orobanchaceae*, an die diese Orchidee auf den ersten Blick etwas erinnert.

82

Liparis lilifolia (LINNAEUS) L.C. RICHARD ex LINDLEY

VERBREITUNG: östliches Nordamerika unter Einschluß des südlichen Ontario

Der Gattungsname *Liparis* wird vom griechischen Wort *liparos*-'fett, fettig, glänzend' abgeleitet und bezieht sich auf die weichen und ziemlich fleischigen Blätter zahlreicher Arten. Die Blüten sind mit ihren sehr schmalen Petalen und ihrer kleinen attraktiven Lippe überaus charakteristisch. Die meisten der 200 oder mehr Arten besitzen grüne oder dunkelrote Blüten, die sowohl als einzelne Individuen als auch in ihrem Zusammenwirken in einem Blütenstand eine große Anziehungskraft besitzen.

Zwei Arten der Gattung *Liparis* sind im östlichen Nordamerika weit verbreitet, von denen *Liparis loeselii* auch in Europa vorkommt, wo sie jedoch sehr selten geworden ist. Die größere der beiden Arten wird wegen ihrer beiden breiten Blätter, die sich noch während der Blütezeit vergrößern, als twayblade – 'Zweiblatt' bezeichnet. Sie entspringen unmittelbar einer kleinen Pseudobulbe, die während des vorhergehenden Jahres gebildet wurde. Manchmal findet man Pflanzen mit einer kurzen Kette dieser Pseudobulben, von denen jede den Trieb eines Jahres repräsentiert.

In der Natur findet man *L. lilifolia* in gut entwässerten, aber luftfeuchten Lebensräumen, an den Ufern von Waldbächen und in Wäldern, deren Schatten nicht allzu tief ist. Im ruhenden Zustand vor der Entfaltung der Blätter kann man diese Orchidee gut in Kultur nehmen. Als eine der ersten nordamerikanischen Orchideen, die ihren Weg in englische Gärten fand, wurde sie 1758 von PETER COLLINSON kultiviert. BAUER notierte, daß die Pflanze, die er am 13. Juni 1811 zeichnete, aus Nordamerika gekommen sei.

Listera ovata (LINNAEUS) R. BROWN

VOLKSTÜMLICHE BEZEICHNUNG:
Großes Zweiblatt
VERBREITUNG: Europa und weit
verbreitet in Asien bis nach Sibirien
und Nordindien; auch in Kanada,
wo sie offenbar eingeschleppt wurde

Wenn irgendeine Orchidee als Unkraut betrachtet
werden kann, dann würde sich diese Pflanze am
ehesten dazu eignen. Sie ist extrem weit verbreitet,
setzt in großer Zahl Samen an und scheint keine
Schwierigkeiten zu haben, an gestörten Standorten
zu überleben bzw. an neuen Standorten Fuß zu fas-
sen. Große Pflanzen mit langen Blütentrauben sind
häufig an den Rändern von Landstraßen in ganz Europa zu finden. Ungeachtet der Auswirkungen der
modernen intensiven Landwirtschaft findet man
das Große Zweiblatt an Ackerrändern, auf Viehwei-
den, in Gärten und in öffentlichen Grünanlagen.

    Die Gattung wurde von ROBERT BROWN zu
Ehren von MARTIN LISTER (1638-1711) benannt,
einem englischen Naturforscher, dem Arzt der Königin ANNE und einem Freund des berühmten Botanikers JOHN RAY. Der Kräuterkundler JOHN
GERARD verwendete das Zweiblatt in Salben und
bei der Herstellung von Wundbalsamen.

    Die meisten der 20 oder mehr Arten dieser Gat-
tung, die in den temperierten Gebieten der Nordhalbkugel verbreitet ist, sind viel kleiner als *L. ovata*.
Diese Orchidee besitzt in der Mitte des Stengels, der
einem unterirdischen Rhizom entspringt, ein Paar
ansehnlicher, eiförmiger Blätter. Während der langen Blütezeit können 100 oder mehr Blüten an einer
einzigen Infloreszenz gebildet werden. Sie werden
durch eine Vielzahl von kleinen Insekten bestäubt,
darunter auch Fliegen und Käfer. Danach entwickelt
sich jeder Fruchtknoten zu einer kugeligen Frucht.
Die Oberfläche des Blütenstengels und der Blüten
ist mit Drüsen besetzt und klebt bei Berührung.
Dies mag eine zusätzliche Anlockung der besuchenden Insekten zur Folge haben.

Listera ovata. R. Br.

LISTERA.

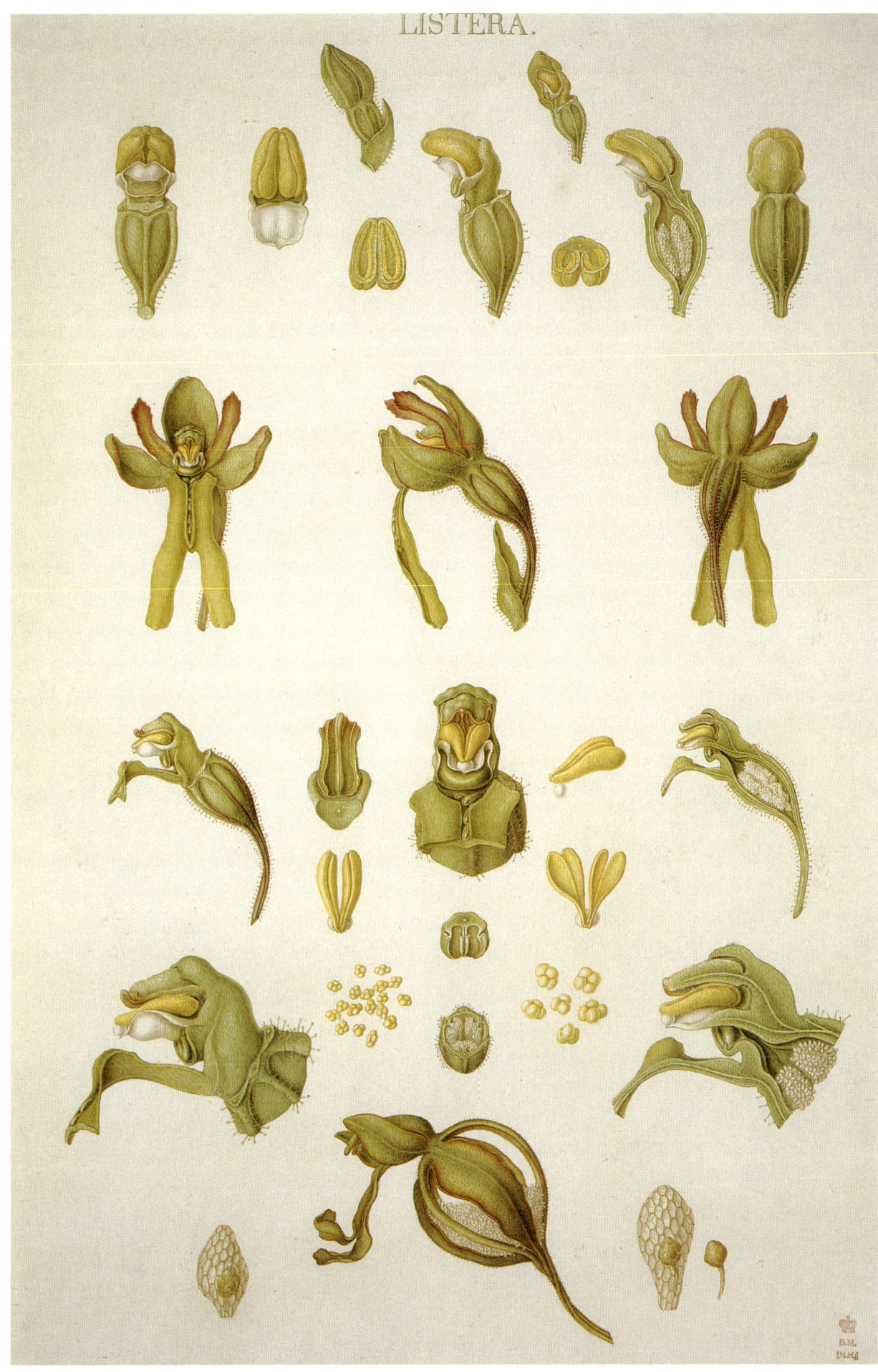

LISTERA.

Maxillaria coccinea (Jacquin) L.O. Williams ex Hodge

VERBREITUNG: Westindische Inseln, Große und Kleine Antillen

Als erster sammelte vor 1703 der französische Pflanzenkenner und Forscher Charles Plumier diese weit verbreitete epiphytische Orchidee. Der in Holland geborene österreichische Botaniker Nicolaus von Jacquin sammelte sie ebenfalls auf Martinique und beschrieb sie 1760 als *Epidendrum coccineum*. Als Tafel 205 bildete er sie in seiner *Selectarum Stirpium Americanum Historia* ab. Bauers Zeichnung, die heute in der Universitätsbibliothek von Göttingen aufbewahrt wird, ist eindeutig eine Kopie dieser Tafel.

Durch die Vermittlung von Alexander Anderson kam diese Art 1790 nach Kew. Robert Brown erwähnte sie 1813 in der zweiten Auflage von Aitons *Hortus Kewensis* als *Ornithidium coccineum* Salisbury. 1954 wurde sie endgültig in die Gattung *Maxillaria* gestellt.

Die hellroséfarbenen bis karminroten Blüten finden sich einzeln an schlanken Achsen, die gebüschelt in den Achseln der hellgrünen Laubblätter stehen. Diese Orchidee scheint in Europa nie weiter in Kultur verbreitet gewesen zu sein, obwohl sie sich in einem durchlässigen Substrat in einem Topf oder Körbchen leicht pflegen läßt und kühle Nachttemperaturen zumindest während eines Teiles des Jahres toleriert.

Maxillaria subulata Lindley

VERBREITUNG: Brasilien

Diese Pflanze kam im frühen 19. Jahrhundert in die Königlichen Gärten von Kew und wurde in Blüte im November 1818 gezeichnet. Ein kleines Stück, welches an einen Teil der abgebildeten Pflanze erinnert, wird in Lindleys Orchideenherbarium in Kew aufbewahrt. Lindley beschrieb die Art erst im Jahr 1832, aber er konnte mit Hilfe der Zeichnung Bauers eine detaillierte Beschreibung vorbereiten.

Es ist interessant, daß die Blüten an der beblätterten Pflanze nur mit dem Bleistift skizziert wurden und dann vergrößert in separaten Farbzeichnungen wiedergegeben wurden, so daß ihre Struktur sehr genau erkennbar wird.

Die Gattung *Maxillaria* ist eine der größeren epiphytischen Gattungen des amerikanischen Kontinents mit über 300 Arten. Der Name wurde von den spanischen Botanikern Ruiz und Pavon eingeführt, wobei sie sich von der unter verschiedenen Blickwinkeln zu sehenden Ähnlichkeit mit dem geöffneten Rachen eines Tieres inspirieren ließen (vom lateinischen Wort *maxilla* - 'Kiefer').

Die Arten mit dunkel gefärbten Blüten verströmen einen unangenehmen Geruch und werden wahrscheinlich von Fliegen bestäubt. Sie bilden eine Gruppe von etwa sieben brasilianischen Arten, die jeweils ein Paar von pfriemlichen Laubblättern an der Spitze der abgeflachten Pseudobulben tragen.

90

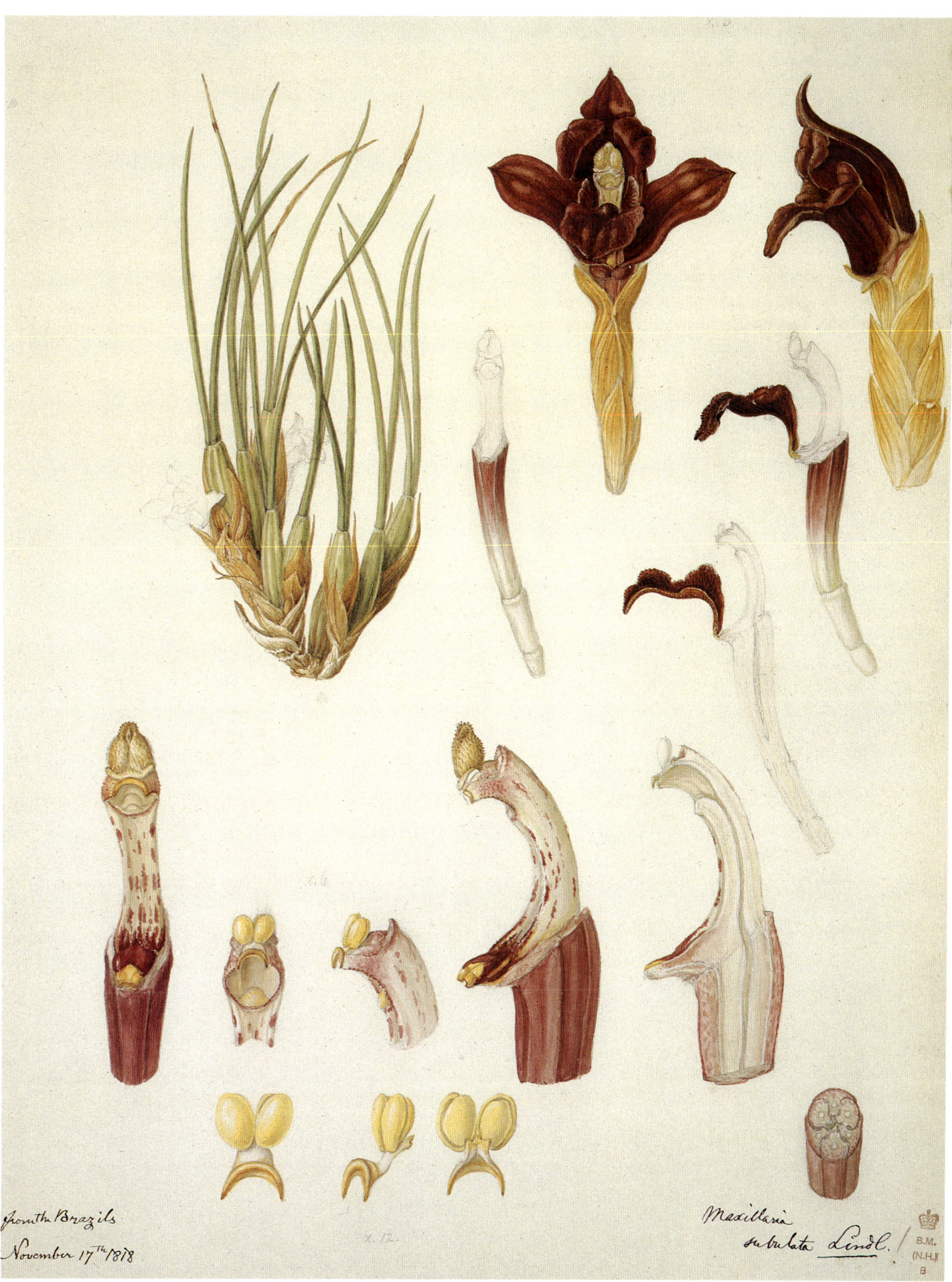

Maxillaria
subulata Lindl.

Oncidium ampliatum LINDLEY
(oben)

VOLKSTÜMLICHE BEZEICHNUNG:
Gelbe Biene (in Trinidad)

VERBREITUNG: Mittelamerika von
Costa Rica südwärts, Panama, Trinidad,
Venezuela, Kolumbien und Peru

Oncidium sphegiferum LINDLEY
(Mitte und unten)

VERBREITUNG: Brasilien

Die fast viereckigen Blüten dieser Art der großen Gattung *Oncidium* lassen sich in dem klaren Gelb ihrer großen zweilappigen, auf der Rückseite blasseren Lippe und ihren großen Petalen gut erkennen. Der Kallus an der Lippenbasis ist ein wichtiges Merkmal bei der Kennzeichnung der einzelnen Arten. Es war auch dieser Kallus, der SWARTZ bei der Auswahl eines geeigneten Artnamens inspirierte, denn das griechische Wort *onkos* bedeutet 'Tumor, Wucherung'.

JOHN LINDLEY veröffentlichte seine Beschreibung dieser Art im Jahr 1833. Um 1830 war sie von dem Forschungsreisenden HUGH CUMING in Costa Rica entdeckt worden. RICHARD HARRISON aus Liverpool führte sie in die Kultur ein und brachte sie 1835 zum ersten Mal zur Blüte. BAUERS Zeichnungen entstanden nach einer Pflanze, die im März 1834 von Trinidad in die Gärten von Kew gekommen waren.

Als JOHN LINDLEY diese Art 1843 im *Botanical Register* beschrieb, notierte er, es sei eine aus Brasilien neu eingeführte Orchidee, die in der Gärtnerei LODDIGES zur Blüte gekommen sei. Gleichwohl datieren BAUERS Zeichnungen aus dem Mai 1834 und entstanden nach einer Pflanze aus dem Garten der Horticultural Society in Chiswick.

Diese Art stammt aus einem kleinen Gebiet um Rio de Janeiro, wo sie mit den drei Arten *O. divaricatum*, *O. pulvinatum* und *O. harrisonianum* zusammen vorkommt, die jeweils eine papillöse, kissenartige Leiste auf der Lippe tragen. An der länglichen Form dieser Leiste und der leuchtend orangeroten Farbe der Sepalen und Petalen läßt sich *O. sphegiferum* klar erkennen, obwohl diese Orchidee bei ihrer ersten Einfuhr durchaus mit zwei anderen aus der genannten Gruppe hätte verwechselt werden können. Das Epitheton *sphegiferum* bedeutet 'wespentragend' (vom griechischen *sphex* - 'Wespe').

Oncidium ! from Trinidad
K. G. March 14th 1834.

Oncidium ?
Hort. S. Garden May 25th 1834.

Oncidium baueri LINDLEY

VERBREITUNG: Westindische Inseln, Mittel- und Südamerika: von Mexiko bis Brasilien und Peru, Jungferninseln und Martinique

Es ist angemessen, daß JOHN LINDLEY eine Orchideenart mit komplizierten Blüten zu Ehren von FRANZ BAUER benannte, als sie zusammen die Reihe *Illustrations of Orchidaceous Plants* (1830 bis1838) herausgaben. Die Zeichnungen dieser farbenfrohen Art entstanden 1804 nach Herbarexemplaren, die schon etwas verblaßt waren. Dennoch sind die Einzelheiten und die Muster völlig korrekt. Die Flügel beiderseits der Säule sind besonders deutlich wiedergegeben.

Diese Art ist in den wärmeren Gegenden des amerikanischen Kontinents und der benachbarten Inseln weit verbreitet. Sie wurde oft in Kultur genommen, aber der windende, häufig mehr als 3 m lange und reich verzweigte Blütenstand bereitet im Glashaus oft Schwierigkeiten. Sie bringt zahlreiche Blüten hervor, die etwas kleiner und in der Struktur etwas anders als die von *O. altissimum* (JACQUIN) SWARTZ sind, mit denen diese Orchidee manchmal verwechselt wurde. LINDLEY nannte sie im *Botanical Register* von 1833 unter der Tafel 1651 'Lofty Oncidium' (also 'Erhabene Orchidee'), und im gleichen Jahr wurde eine Pflanze mit mehr als 2 m langen Trieben von der Horticultural Society von London (heute die Royal Horticultural Society) mit einer Medaille ausgezeichnet.

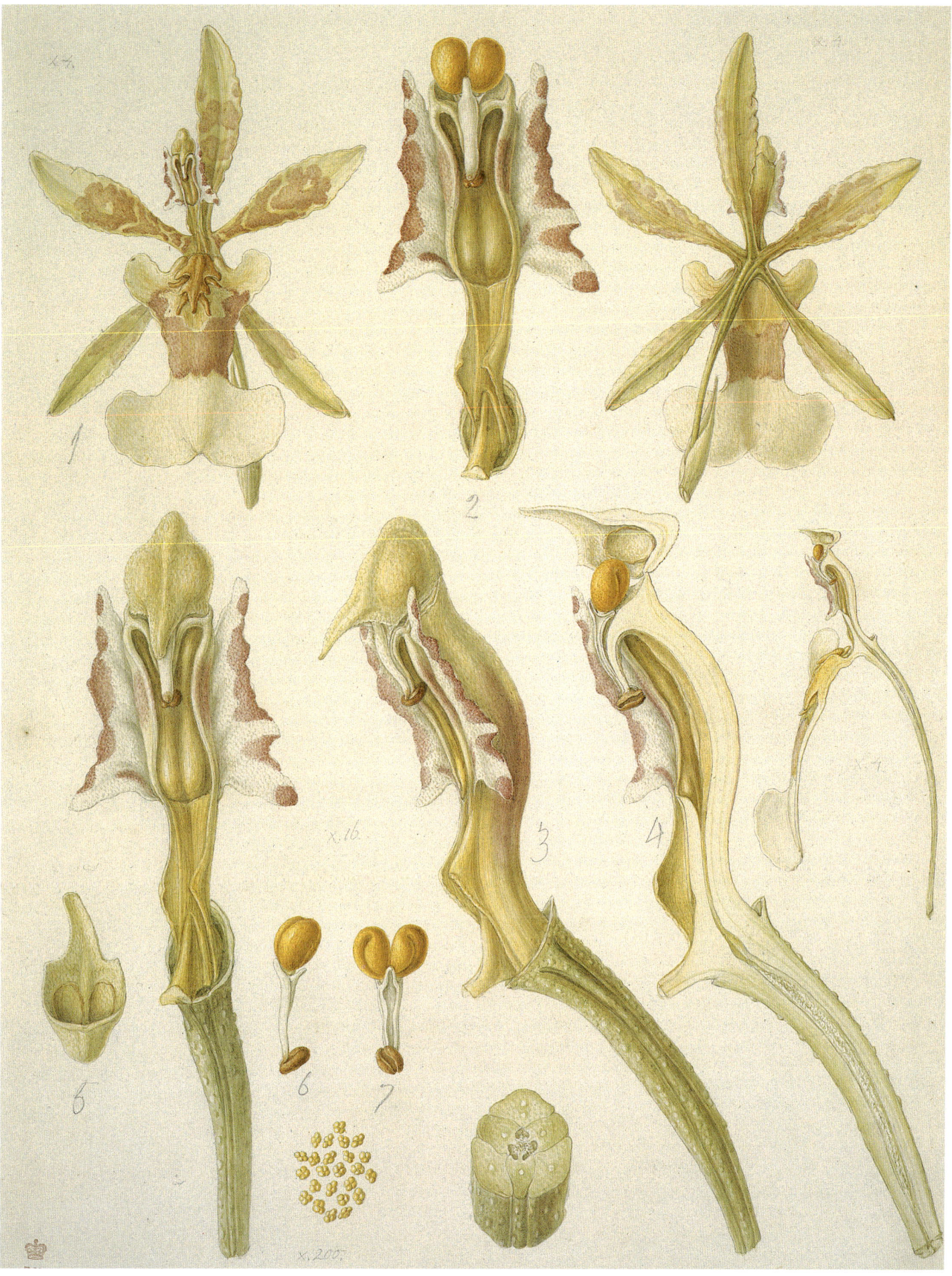

Ophrys apifera Hudson

VOLKSTÜMLICHE BEZEICHNUNG:
Bienen-Ragwurz

VERBREITUNG: Europa, im gesamten Mittelmeergebiet von Israel und der Türkei westlich bis nach Nordafrika und nördlich bis zu den Britischen Inseln

Die Verbreitung der Gattung *Ophrys* ist auf Europa, Nordafrika und den Mittleren Osten beschränkt. In der Behandlung durch Linné in seiner *Species Plantarum* (1753) wurden 16 Arten unterschieden, die heute bis auf eine einzige in die Gattungen *Aceras, Chamorchis, Corallorhiza, Hammarbya, Herminium, Liparis, Listera, Malaxis, Neottia* und *Spiranthes* transferiert wurden. Der Name geht auf das griechische Wort *ophrys* zurück, das 'Augenbraue' bedeutet. Wegen der Verwendung dieses Namens gab es zahlreiche Mutmaßungen: auf der Suche nach Namen für Gattungen machte sich Linné Namen klassischen Ursprungs zu eigen, ohne viel nach ihrer ursprünglichen Bedeutung zu fragen.

Zwischen 30 und 60 *Ophrys*-Arten werden heute unterschieden. Die weit voneinander abweichenden Zahlen hängen von der sehr unterschiedlichen taxonomischen Auffassung ab. Manche Botaniker unterscheiden wenige Arten mit zahlreichen Unterarten und Varietäten, während andere es vorziehen, jedem unterscheidbaren Taxon Artrang zuzuweisen.

Die Bienen-Ragwurz ist eine der am weitesten verbreiteten Arten. Es ist auch die einzige, die sich in ihrer Vermehrung, zumindest in ihrem nördlichen Teilareal, auf Selbstbestäubung zu verlassen scheint. Die Stielchen der Pollinien sind länger und schlanker als bei anderen Arten der Gattung *Ophrys*. Bald nach dem Öffnen der Blüte schrumpfen sie, so daß die Pollinien aus ihren Fächern gezogen werden und vor die Narbe fallen. In dieser Position verbleiben sie sicher durch die Wirkung der Viscidien, die in ihrer ursprünglichen Lage verharren. Bald bringt ein Regentropfen oder ein Windstoß die Pollinien in Kontakt mit der Narbe, an welcher sie anhaften. Im Mittelmeergebiet wird die Bienen-Ragwurz durch solitär lebende männliche Bienen der Gattung *Eucera* bestäubt, die auf der Suche nach Weibchen umherfliegen und durch den Geruch der bienenähnlichen Blüten dazu verleitet werden, sich auf ihnen in der auf der nächsten Seite näher ausgeführten Weise niederzulassen.

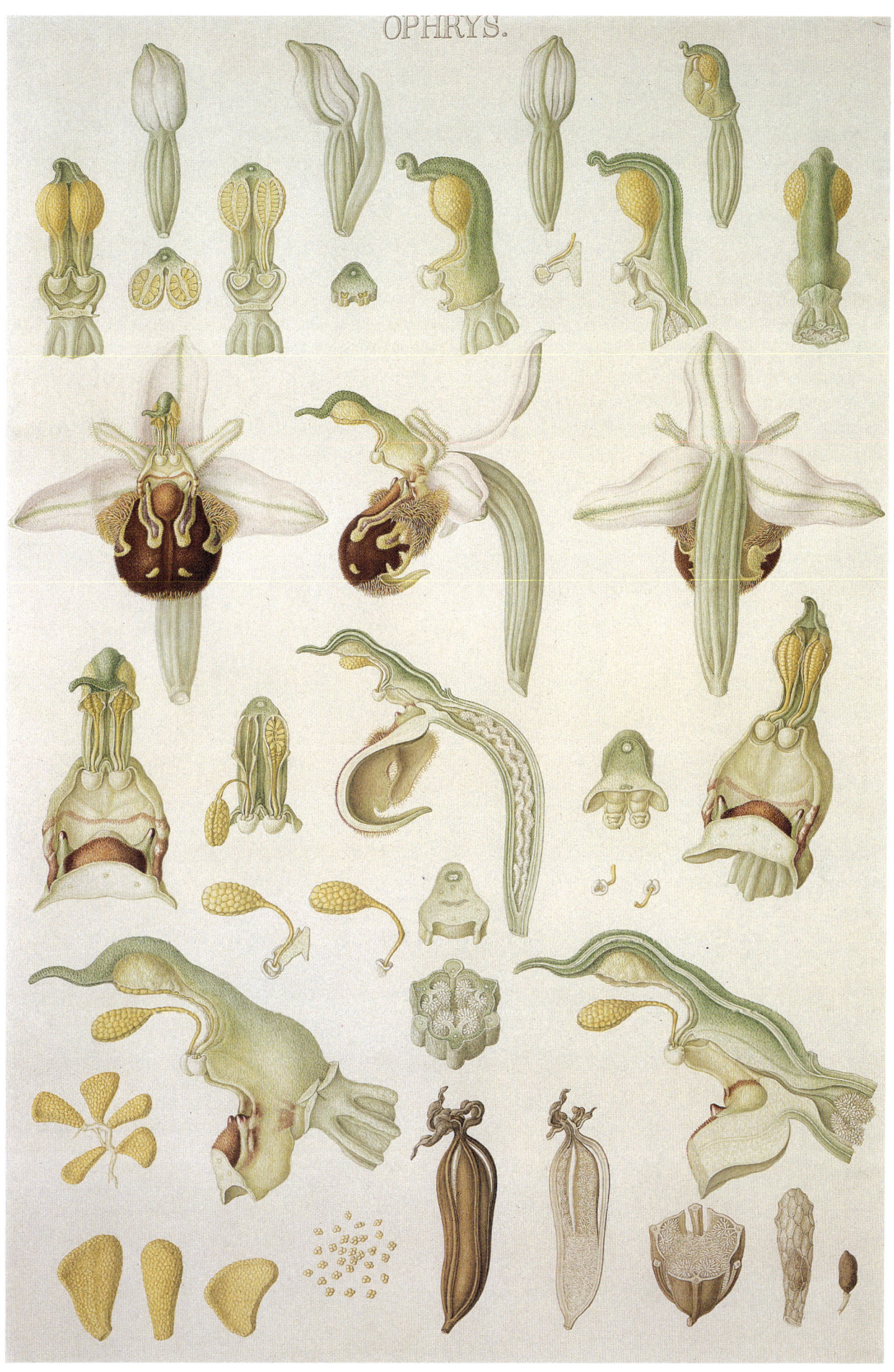

Ophrys apifera HUDSON

VOLKSTÜMLICHE BEZEICHNUNG: Bienen-Ragwurz
VERBREITUNG: Europa, im gesamten Mittelmeergebiet von Israel und der Türkei westlich bis nach Nordafrika und nördlich bis zu den Britischen Inseln

BAUER war von dieser Orchidee gefesselt und fertigte zahlreiche Zeichnungen von ihr an, besonders auch verschiedene Darstellungen von vergrößerten Blüten oder deren Teilen. Viele dieser Zeichnungen sind auf der vorherigen Seite versammelt.

Die stark vergrößerten Blüten zeigen die bemerkenswerte Form und Beschaffenheit der Lippe, die dieser Art sowohl ihr wissenschaftliche Epitheton als auch ihren volkstümlichen Namen gegeben haben. Denn das lateinische Wort *apifera* bedeutet 'bienentragend' (von *apis*-'Biene' und *fera*-'tragend, befördernd'). Sie gleicht einer kleinen rosafarbenen Blüte, auf der sich gerade eine Biene niedergelassen hat. Tatsächlich ist es der Duft, der für eine solitär lebende männliche Biene weitaus anziehender ist als die angenommene Ähnlichkeit mit den Weibchen

dieser Art. Zahlreiche Untersuchungen haben die Vermutung bestätigt, daß der Blüten'duft' das weibliche Pheromon imitiert und das primäre Anlokkungsmittel der männlichen Bienen darstellt. Nach der Landung wird der Kopulationsinstinkt durch die Oberflächenstruktur und die Form der Lippe ausgelöst.

Obwohl die Blüten der 30 oder mehr *Ophrys*-Arten weder Pollen noch Nektar zur Belohnung der Besucher anbieten, locken sie jeweils eine bestimmte Insektenart an. Diese Beziehungen zwischen der Orchidee und dem Insekt sichern den Bestand der Art, dennoch können sich Fehlschläge ereignen. Auch Kreuzbestäubungen durch den Menschen sind nicht unbekannt. Deshalb ist eine große Zahl interspezifischer Hybriden nachgewiesen.

Ophrys holoserica (Burmann filius) W. Greuter

VOLKSTÜMLICHE BEZEICHNUNG: Hummel-Ragwurz

VERBREITUNG: Europa, Mittelmeergebiet von Israel westwärts bis
nach Spanien und nördlich bis nach Südösterreich, Deutschland und
an einigen Stellen in Südostengland

Die Hummel-Ragwurz, ebenso unter dem Synonym *O. fuciflora* (F. W. Schmidt) Moench weit bekannt, ist größer und vielleicht noch spektakulärer als die Bienen-Ragwurz. In vielen Teilen Europas wachsen beide auf kalkhaltigen Böden nebeneinander. Sie können leicht an der Form der Lippe unterschieden werden, die bei der Hummel-Ragwurz an der Spitze einen nach vorne zeigenden, ziemlich fleischigen, wie ein Horn geformten Lappen besitzt. Die Zeichnung der Lippe variiert sehr stark von Pflanze zu Pflanze, die Gesamtfärbung der Blüte ist ebenfalls außerordentlich veränderlich. Die Sepalen können weiß, grünlich rosa oder fast rot gefärbt sein, ebenso die schmal dreieckigen Petalen. Hybriden der beiden Arten sind unter dem Namen *O.* x *albertiana* Camus bekannt.

Ophrys holoserica (Burmann filius) W. Greuter

VOLKSTÜMLICHE BEZEICHNUNG: Hummel-Ragwurz

VERBREITUNG: Europa, Mittelmeergebiet von Israel westwärts bis nach Spanien und nördlich bis nach Südösterreich, Deutschland und an einigen Stellen in Südostengland

Die erste Entdeckung einer *Ophrys*-Art, besonders einer mit rosafarbenen Sepalen und einer großen behaarten Lippe, ist ein Ereignis, das man nie wieder vergißt. Es ist so begeisternd, daß man Jahr für Jahr nach dieser Pflanze Ausschau halten kann. Viele Arten schwanken in der Anzahl ihrer Exemplare. Manchmal können nach einem guten Samenansatz Tausende von Pflanzen in einem Jahr erscheinen, im nächsten sind es nur wenige. Neuere Populationsstudien haben gezeigt, daß erwachsene Pflanzen nach der Blüte für ein oder mehrere Jahre nicht mehr austreiben. Zahlreiche Samen werden während eines einzigen Blühzyklus erzeugt, wie Bauers Zeichnung eines Querschnittes eines Fruchtknotens verdeutlicht. Aber nur in wenigen Jahren sind Wetter und andere Umweltfaktoren für die Keimung wirklich günstig.

Ophrys insectifera Linnaeus

VOLKSTÜMLICHE BEZEICHNUNG: Fliegen-Ragwurz
VERBREITUNG: Europa von Norwegen und Zentralschweden
südlich bis nach Frankreich und östlich bis nach Ungarn und
Rußland

Diese Art besitzt das am weitesten nach Norden reichende Areal der gesamten Gattung *Ophrys* und wird selten rund ums Mittelmeer angetroffen. In den schattigen Wäldern, wo sie in der Regel vorkommt, ist sie nur äußerst schwer zu finden. Wenn es aber einmal gelungen ist, eine einzelne Pflanze zu finden, wird man in der Umgebung normalerweise noch andere Exemplare antreffen. Obwohl sie oft als selten klassifiziert wird, könnte es sein, daß diese Art häufig wegen ihrer unauffälligen Färbung übersehen wird.

An der Pflanze können die Blüten mit einer Reihe von Fliegen mit weich behaarten Körpern, die auf einer Ähre von grünlichen Blüten sitzen, verglichen werden. Ihr Duft lockt zwei Wespenarten aus den Gattungen *Gorytes* und *Argogorytes* an. Nach der Landung auf der Lippe vollziehen sie Begattungsbewegungen (sog. Pseudokopulation), in deren Verlauf sich die Pollinien an ihren Kopf heften, die sie dann zur nächsten Blüte mitnehmen.

Orchis morio LINNAEUS

VOLKSTÜMLICHE BEZEICHNUNG: Kleines Knabenkraut

VERBREITUNG: weit verbreitet in Europa, reicht bis in den Nahen Osten und nach Nordafrika

Diese kleine Art ist in den meisten Teilen Europas eine der am frühesten blühenden Orchideen. Die basale Laubblattrosette erscheint im vorausgehenden Herbst und die Blätter bleiben während des Winters am Boden angepreßt. Zeitig im Frühjahr erhebt sich aus dem Zentrum der Rosette der aufrechte, ziemlich kurze Blütenstand, der 8 – 12 Blüten trägt. Die Blütenfarbe variiert von einem blassen und dunklen Rosa bis zu einem prächtigen Magentarot; darüberhinaus kommen auch weiße Formen vor.

Die grün geaderten seitlichen Sepalen sind mit dem dorsalen Sepalum und den Petalen verbunden, und so bilden diese Blütenblätter zusammen ein helmartiges Gebilde an der Spitze der Blüte. Man kann dabei auch an einen Clownshut denken, und so kam wohl der schwedische Name Göknyckel oder Göknycklar (von gök – 'Kuckuck, Kamerad', nyckel – 'Schlüssel') auf. Jedoch ist es unwahrscheinlich, daß LINNÉ diesen lokalen Namen im Sinn hatte, als er den alten Namen *Orchis morio* in

seine *Species Plantarum* (1753) aufnahm; *morio* ist das lateinische Wort für 'Narr'. *Orchis morio* wurde bereits 1623 von CASPAR BAUHIN verwendet, der *Testiculus morionis* und *Cynosorchis morio* als Synonyme des 16. Jahrhunderts zitierte. LINNÉ erwähnte Göknyckel nicht.

Diese Art war einst sehr häufig in verschiedenen Teilen der Britischen Inseln, Deutschlands und Skandinaviens. Zusammen mit Schlüsselblumen boten diese Orchideen auf kalkhaltigen Böden, in feuchten Weiden auf tonigen Böden und sogar in Wäldern auf sauren Böden im zeitigen Frühjahr einen bezaubernden Anblick. Wegen der intensiven landwirtschaftlichen Nutzung und der zunehmenden Verbauung der Landschaft im Zusammenhang mit der Vergrößerung menschlicher Siedlungen wurde das Areal dieser Orchidee im Vergleich zu früheren Zeiten stark eingeengt, obwohl man an einzelnen ungestörten Standorten noch große Populationen finden kann.

"May 10, 1810."

Orchis Morio

Orchis purpurea HUDSON

VOLKSTÜMLICHE BEZEICHNUNG: Purpur-Knabenkraut

VERBREITUNG: Europa, im gesamten Mittelmeergebiet von der Türkei westlich bis nach Frankreich und Nordafrika, mit einigen wenigen Vorkommen in England

Dies ist eine der großwüchsigsten Orchideen in Europa mit einer vielblütigen Infloreszenz, die sich 50 – 80 cm über einem basalen Blattbüschel erhebt. Sie treiben in jeden Frühling aus einem Paar von eiförmigen Knollen, auf die sich die alten griechischen und lateinischen Autoren bezogen, wenn sie den Namen *Orchis* ('Hoden') verwendeten. LINNÉ folgte dem griechischen Pflanzenkenner DIOSKORIDES, der diesen Namen für verschiedene Pflanzenarten mit gepaarten unterirdischen Knollen verwendet hatte. 1836 zog JOHN LINDLEY den Namen *Orchis* als Basis für die Familienbezeichnung *Orchidaceae* heran und gab damit der gesamten Familie der Orchideen ihren Namen.

Das Purpur-Knabenkraut ist eine Waldpflanze, die aber auch an Waldrändern, auf Kahlschlägen, in Gebüschen oder im Grasland vorkommt. Am besten gedeiht diese Orchidee auf kalkhaltigen Böden, wird aber oftmals empfindlich durch Kaninchen in Mitleidenschaft gezogen. Ihr Verbreitungsgebiet deckt sich mit dem des Helm-Knabenkrauts *Orchis militaris* LINNAEUS, wobei auch Bastarde der beiden Arten beobachtet wurden.

Orchis fusca W. 34.

Orchis purpurea HUDSON

VOLKSTÜMLICHE BEZEICHNUNG: Purpur-Knabenkraut

VERBREITUNG: Europa, im gesamten Mittelmeergebiet von der Türkei westlich bis nach Frankreich und Nordafrika, mit einigen wenigen Vorkommen in England

Die vergrößerten Ansichten der Lippe des Purpur-Knabenkrauts legen sowohl ihre Struktur als auch die Ableitung des englischen Namens 'lady orchid' offen. Die Spitze der Blüte wird durch die dunklen oder purpurfarbenen Sepalen und Petalen gebildet. Man sagt, diese erinnerten an den Kopf oder den Kapotthut einer Dame. Die Lippe wird so zu ihrer Baumwollbluse mit einem Ärmel an jeder Seite. Die dunklen Tupfen erweisen sich als Haarbüschel, die entweder in Reihen angeordnet oder unregelmäßig auf der Fläche verteilt sind. An der Lippenbasis befindet sich ein kurzer Sporn. Keine andere größere Orchidee hat diese Kombination der Färbung mit einer derart breiten Lippe.

Das Purpur-Knabenkraut bildet mit anderen Arten der Gattung *Orchis* Hybriden, wenn sie zusammen vorkommen. Auch intergenerische Bastarde sind bekannt, so mit der Fratzenorchis *Aceras anthropophorum*. Diese wurden unter dem Namen x *Orchiaceras macra* (LINDLEY) CAMUS beschrieben.

Orchis ustulata LINNAEUS

VOLKSTÜMLICHE BEZEICHNUNG: Brand-Knabenkraut

VERBREITUNG: Europa, vom südlichen Schweden östlich bis nach Rußland und dem Kaukasus, westlich bis Spanien, Frankreich und England, fehlt im engeren Mittelmeergebiet

Während seines Besuches auf der Insel Öland im Jahr 1741 erwähnte LINNÉ besonders diese Orchidee unter der Bezeichnung 'krutbrännare'. Dies hielt er für einen 'unvergleichlich zutreffenden Namen, denn während die Blüten in der Ähre flammend rot sind, sind die Knospen an der Spitze schwarz, wie das Bild eines Feuers.' Das veranlaßte ihn, diese Orchidee in seinen *Species Plantarum* (1753) nach dem lateinischen *ustulo* - 'verbrennen, versengen' *Orchis ustulata* zu nennen.

Es ist eine der kleinsten Arten der Gattung *Orchis*, und sie ist nicht leicht in den Rasengesellschaften zu finden, in denen sie vorkommt. Normalerweise liebt sie ziemlich trockene Standorte. Obwohl viele ihrer früheren Lebensräume in Ackerland umgewandelt wurden, ist sie doch eine Orchidee, deren Verbreitung durch die Aktivitäten des Menschen gefördert wird. Zu schwache Beweidung oder Beweidung zur falschen Jahreszeit kann örtlich zur Ausrottung führen.

Die geringe Größe schreckte BAUER nicht ab, der sich daran erfreute, im Juli 1811 eine vollständige Wiedergabe dieser Art anzufertigen, die sogar die winzigen Samen einschloß. Von der Farbgebung erinnert sie an ein kleines Purpur-Knabenkraut, wobei die Lippe viel schmäler und weniger stark gefleckt ist.

Paphiopedilum venustum (WALLICH) PFITZER ex STEIN

VERBREITUNG: Nordostindien (Meghalaya), östliches Nepal, Sikkim und Bhutan

Im frühen 19. Jahrhundert begann man, die asiatischen Frauenschuhorchideen zu kultivieren, wobei sie zu dieser Zeit alle als Vertreter der Gattung *Cypripedium* betrachtet wurden. 1886 trennte sie PFITZER unter dem Namen *Paphiopedilum* (literarisch 'Pantoffel der Aphrodite', deren Haupttempel in Paphos auf Zypern stand) generisch ab, wobei zahlreiche Umkombinationen zu dieser Gattung formal von STEIN in seinem *Orchideenbuch* (1892) vorgenommen wurden.

Diese Art war die erste, die in England kultiviert und die erste der asiatischen Arten, die beschrieben wurde. Sie wurde 1816 durch NATHANIEL WALLICH in Sylhet entdeckt. Er schlug den Namen vor und die Pflanze wurde erstmals 1820 in *Curtis's Botanical Magazine* (Tafel 2129) abgebildet. Das Epitheton *venustum* - 'bezaubernd, hübsch, elegant, der Venus ähnlich' bezieht sich auf das Erscheinungsbild dieser Orchidee.

Die Blätter sind ebenfalls ein unterscheidendes Merkmal dieser Art und wurden von W. J. HOOKER als 'gefleckt wie eine *Gasteria*' beschrieben. Dies ist die einzige indische *Paphiopedilum*-Art mit fleckiger Zeichnung der Blattoberseiten, wobei auch die purpurne Färbung der Unterseiten außergewöhnlich ist. Beide Merkmale finden sich ebenfalls bei anderen Arten der Gattung, die weiter östlich verbreitet sind.

BAUERS Präparationen zeigen die bemerkenswerte Säulenstruktur dieser Gattung. Das Staminodium ist herzförmig und verdeckt die dreifeldrige Narbe. Nur die drei Orchideengattungen *Cypripedium*, *Phragmipedium* und *Selenipedium* sind hierin ähnlich und besitzen ein Staubblattpaar beiderseits der glatten Narbe. Die klebrigen Pollenkörner, welche die Staubblätter auf vorbeikommende Insekten übertragen, wurden ebenfalls wiedergegeben.

114

natural size

×5

Phaius flavus (BLUME) LINDLEY

VERBREITUNG: weit verbreitet in Südostasien: vom Himalaya
(Nepal und Bhutan) bis Assam, Thailand, China, Malaysia und Java

Diese ansehnliche Erdorchidee wurde um 1822 durch NATHANIEL WALLICH nach Kew gesandt. WALLICH, von 1815 bis 1841 Superintendent des Botanischen Gartens von Kalkutta, verbrachte das Jahr 1820 in Nepal. Er schlug den Namen *P. maculatus* vor, der auch von LINDLEY 1831 veröffentlicht wurde und der sich auf die leuchtend gelben Flecken bezieht, die fast immer auf den Blättern vorhanden sind. LINDLEY hatte allerdings auch die Kombination *Phaius flavus* für eine javanische Pflanze veröffentlicht, die vorher von dem deutschen Botaniker CARL LUDWIG BLUME (1796-1862) beschrieben worden war. Es wurde deutlich, daß es nur geringe Unterschiede zwischen diesen beiden Arten in ihrem weiten Verbreitungsgebiet in Asien gab, so daß der Name *P. flavus* als der früher veröffentlichte deshalb heute als der gültige angesehen wird.

Phaius ist von dem griechischen Wort *phaios* — 'dunkelhäutig' abgeleitet und ist eine Anspielung auf die braun-gelbe Schattierung vieler Blüten der Gattung. Der Name wurde von dem portugiesischen Botaniker JOÃO LOUREIRO in seiner *Flora Cochinchinensis* eingeführt. Seine Typusart war *P. grandifolius*, früher als *P. tancarvilleae* beschrieben, und die erste tropische Orchidee, die in Kew zu Blüte kam. Sie wurde sehr schön durch JAMES SOWERBY in WILLIAM AITONS *Hortus Kewensis* von 1789 abgebildet.

Heute erkennt man etwa 30 *Phaius*-Arten an, die sich durch eine lange freie Säule und einen sehr kurzen oder fehlenden Sporn an der Lippenbasis von der nahe verwandten Gattung *Calanthe* unterscheiden. Alle Arten leben terrestrisch und kommen oft auf sumpfigem Untergrund vor. Ihre plikaten (längs gefalteten) Blätter bieten einen interessanten Anblick in einer Sammlung epiphytischer Orchideen, während ihre Größe es manchmal schwierig macht, sie in einem Glashaus zu kultivieren.

116

Platanthera bifolia (LINNAEUS) L. C. RICHARD

VOLKSTÜMLICHE BEZEICHNUNG: Zweiblättrige Waldhyazinthe

VERBREITUNG: ganz Europa und Asien

Der generische Name *Platanthera* bezieht sich auf die breite Anthere in der Blüte aller Arten dieser Gattung, abgeleitet von dem griechischen Adjektiv *platys* - 'weit oder breit' und dem modernen botanischen Terminus *anthera* - 'Anthere', das im klassischen Latein eine 'aus Blüten zusammengesetzte Arznei' bezeichnete. Das genannte Merkmal unterscheidet sie von der großen tropischen Gattung *Habenaria*, zu der die etwa 100 Arten ursprünglich gezählt wurden. *Platanthera bifolia* ist die Art, auf der 1817 der französische Botaniker LOUIS CLAUDE RICHARD die Gattung begründete.

Es gibt zwei ziemlich ähnliche *Platanthera*-Arten in Europa, nämlich die Große Waldhyazinthe und die Berg-Waldhyazinthe. Beide besitzen eine hohe, aus grünlich-weißen Blüten zusammenge-setzte Ähre. Die Blüten duften süß in der Dämmerung und werden von Nachtfaltern bestäubt, die in den Abendstunden aktiv sind. Beide Arten tragen ein Paar breiter Laubblätter an oder in der Nähe der Basis des Blütentriebes. Sie kommen oftmals zusammen in gemischten Beständen vor, obwohl *P. chlorantha* eher kalkhaltige Böden vorzieht, während *P. bifolia* auf sehr verschiedenen Bodentypen wächst. Der Unterschied zwischen beiden liegt in der Lage der Staubbeutelfächer: nahe beieinander und fast parallel liegen sie bei *P. bifolia*, breit nach unten weichen sie über einer sehr großen Narbe bei *P. chlorantha* auseinander. Hybriden beider Arten wurden nachgewiesen, darüberhinaus können an Pflanzen verschiedener Herkunft sehr viele verschiedene Blütenformen beobachtet werden.

Platanthera lacera (Michaux) G. Don

VERBREITUNG: nordöstliche USA und südöstliches Kanada

In Nordamerika sind Orchideen mit zerfransten Blütenblättern in den Sommermonaten ein beeindruckender Anblick an vielen feuchten Standorten. Die großen Blütenähren in zahlreichen Schattierungen von Rosa, Weiß, Grün und leuchtendem Orange erheben sich deutlich über die umgebende Vegetation. Diese Art ist eine der am wenigsten auffälligen und, vielleicht weil man sie im umgebenden Grün ihrer Standorte kaum sehen kann, noch eine sehr häufige Orchidee.

Das artspezifische Epitheton bezieht sich auf den sehr deutlich gefransten Rand der Lippe, der in der Natur oft den Anschein erweckt, zerrissen oder zerfetzt zu sein (vom lateinischen Wort *lacera* -'zer-rissen'). BAUER hat die Lappen und Fransen mit großer Präzision und Regelmäßigkeit gezeichnet. Die üppigsten Exemplare mit den feinsten Fransen findet man in Neu-England.

In der Natur wächst diese Art in der Regel in Mooren und Sümpfen, in Marschland, auf Naßwiesen, in feuchten Waldniederungen, in Sumpfwäldern und gelegentlich auch in nassen Äckern. Heute ist sie nur selten in Kultur, während sie früher von der Gärtnerei CONRAD LODDIGES and SONS unter dem Namen *Habenaria* geführt und bis 1832 kultiviert wurde. Wie zahlreiche andere Arten dieser Gattung wird *Platanthera lacera* von Nachtfaltern bestäubt.

Pterostylis rufa R. Brown

VERBREITUNG: Australien: weit verbreitet im Osten von Südostqueensland bis Tasmanien

Die tief rostroten Blüten dieser kleinen Orchidee sind langlebig: in Kultur können die Pflanzen ein halbes Jahr lang blühen und hintereinander bis zu 15 Blüten hervorbringen. Normalerweise sind es weniger an einem schlanken Stengel, der aus einer basalen Rosette aus Laubblättern entspringt, die beim Erscheinen der Blüten oft schon welken. In der Natur ist dies eine der dürreresistentesten Orchideen der australischen Flora, die man oft an trockenen Stellen findet. Aber die großen Knollen, die sich deckenden Blätter und die Standorte in der Nähe von Felsen, wo ablaufendes Wasser das Feuchtigkeitsangebot erhöht, tragen dazu bei, auch unter scheinbar feindlichen Bedingungen überleben zu können.

Die in Australien als rusty hood (zu deutsch etwa 'rostiger Helm') bezeichneten Orchideen werden manchmal im Genus *Pterostylis* zusammengefaßt, wobei man teilweise dem berühmten Botaniker GEORGE BENTHAM folgt. Er hielt sie im ge-

preßten Zustand für so schwierig zu untersuchen, daß er sie in seinem Orchideenbeitrag zur *Flora Australiensis* (1873) alle in der Art *Pterostylis rufa* zusammenfaßte. Australische Botaniker unterscheiden dagegen heute über 40 Arten.

Sie werden alle von kleinen Mücken bestäubt, die auf der beweglichen Lippe landen. Ihr Gewicht löst einen Mechanismus im Bereich des schmalen Nagels der Lippe aus, so daß sie in das Innere des Helms geschleudert werden. Von hier können sie einen Ausweg mit Hilfe des Lichts finden, das durch die durchscheinenden fensterartigen Stellen im hinteren Bereich des Helms dringt. Beim Hinauf- und Hinauskrabbeln passieren sie die Säule und entnehmen die Pollinien. BAUERS detaillierte Zeichnungen und Präparationen enthüllen die Details dieser faszinierenden Blüte im Ganzen und nach der Entfernung der Sepalen und Petalen.

Satyrium erectum LINDLEY

VERBREITUNG: südliches Afrika:
Namaqualand, südwestliche
und südliche Kapprovinz

Der griechische Name *Satyrion* geht auf die Antike
zurück und bezeichnet eine Pflanze, die die Sinnlich-
keit erregen sollte. Diese Wirkung wurde zahlreichen Orchideen des Mittelmeerraumes zugeschrieben und so wurden sie mit den lüsternen Satyrn in
Verbindung gebracht. Alle Arten der Gattung *Satyrium* sind leicht an dem Spornpaar an der Basis der
nach oben gerichteten Lippe zu erkennen. Die
Lippe ist vergrößert und helmförmig, so daß eine
Ähnlichkeit mit einem gehörnten Teufel zu beobachten ist. Der schwedische Botaniker OLOF
SWARTZ verwendete den Namen *Satyrium* für eine
Gattung von etwa 100 terrestrischen Orchideen mit
diesen charakteristischen Blüten. Meist kommen sie
in Afrika vor, aber drei Arten finden sich auf Mada-
gaskar und zwei in Asien.

Diese hübsche Art wächst auf sandigen Böden
in der südwestlichen Kapregion und hier besonders
im Distrikt um Tulbagh. BAUERS Zeichnung der gesamten Pflanze und seine prächtige Serie von Knospen und Blüten illustrieren die charakteristischen
Merkmale dieser Gattung sehr gut. Die Entwicklung der Säule und der Anthere läßt sich besonders
gut an den Knospen und Blüten verfolgen, denen
die Sepalen und Petalen abpräpariert wurden. Die
Zeichnungen wurden im Jahr 1800 nach einer
Pflanze aus den Kulturen der Königlichen Gärten
von Kew angefertigt. Diese stammte von dem
Astronomen Sir JOHN HERSCHEL, der Pflanzen
in der Kapprovinz des südlichen Afrika gesammelt
hatte. Er fand die Pflanze auf tonigen Böden, die
während der Ruhezeit dieser Orchideen im Sommer zu einer betonartigen Masse verbacken.

Viele Arten der Gattung *Satyrium* können kultiviert werden, wenn man die Knollen während der
mehrmonatigen Ruhezeit trocken hält, ihre völlige
Austrocknung aber verhindert. Jedoch ist ihr Verlust
durch Fäulnis infolge zu frühen Gießens oder durch
tierische Schädlinge wie Mäuse oder Schnecken
nicht selten.

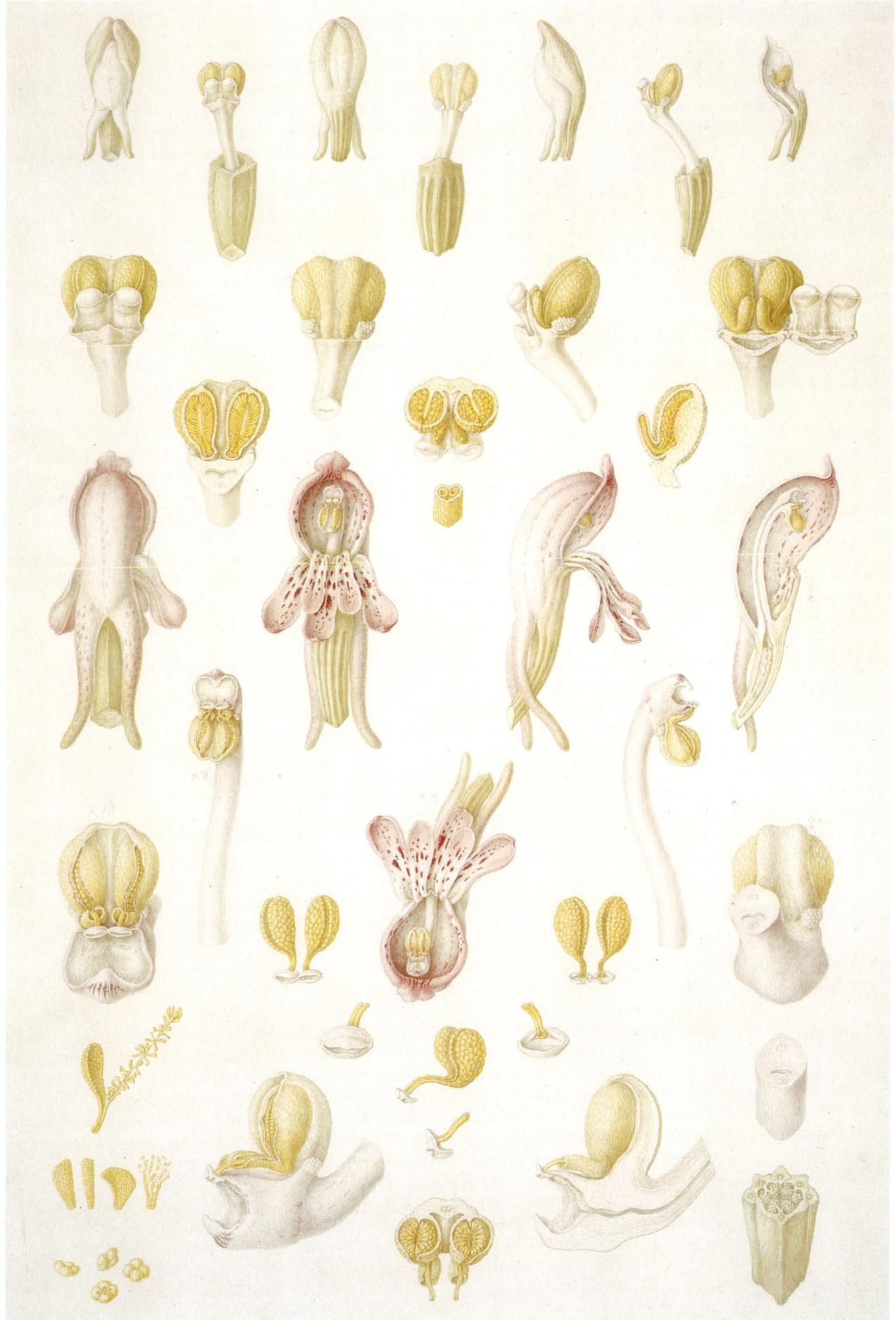

Stanhopea insignis Frost ex Hooker

VERBREITUNG: Ecuador, Peru, Brasilien

Der Gattungsname *Stanhopea* wurde von John Frost zu Ehren von Philip Henry, Earl Stanhope (1781-1855) vorgeschlagen, der 1829 zum Präsidenten der Londoner Medizinisch-Botanischen Gesellschaft gewählt worden war, aus der Frost selbst 1830 wegen seines berüchtigten Benehmens ausgeschlossen wurde. William Jackson Hooker publizierte diesen Namen formal mit einer Beschreibung und Abbildungen der Art in *Curtis's Botanical Magazine* (Tafeln 2948 und 2949; 1829). Dies war eine der ersten Stanhopeen, die in Kultur genommen wurde, sie blühte in Kew zum ersten Mal 1827. Die Blüten können leicht an ihrer fast vollständigen Bedeckung mit kleinen Flecken und an dem herzförmigen Spitzenlappen der Lippe erkannt werden. Derzeit sind etwa 30 Arten dieser Gattung bekannt.

Die kompliziert gebauten Blüten sind für ihre rasche Entwicklung, ihre fleischige Konsistenz, ihren wunderbaren Duft und ihre kurze Lebensdauer bekannt. Oftmals sind sie nur drei Tage voll aufgeblüht zu bewundern. Sie sind ebenfalls wohlbekannt wegen der Stellung der etwas angeschwollenen Blütenstände unmittelbar unterhalb der Pseudobulben. So präsentieren sie sich den besuchenden Bienen in den Wäldern, wo sie auf großen Ästen von Bäumen wachsen. Wie auch immer, in Kultur blieben die Blüten verborgen, solange man die Pflanzen in Tontöpfen hielt. Als einmal ein solcher Topf zufällig zerbrach, fand man die alten Blüten im Substrat. Nachdem die Pflanzen, die vorher scheinbar nie in Kultur geblüht hatten, in flachen Lattenkörbchen gepflegt wurden, konnten die sich während des Sommers entfaltenden Blüten bewundert werden.

Stenorrhynchos speciosum (Jacquin) L. C. Richard

VERBREITUNG: Mittelamerika und Karibik: von Mexiko südlich bis ins nördliche Südamerika und auf den Westindischen Inseln

Stenorrhynchos wird oft in die Gattung *Spiranthes* einbezogen, aber den Pflanzen fehlt die typische spiralige Anordnung der Blüten, und auch in verschiedenen morphologischen Details der Blüten sind Unterschiede zu beobachten. Die erstgenannte Gattung wurde 1818 durch den französischen Botaniker Louis Claude Richard aufgestellt. Der Name kommt von dem griechischen *stenos* — 'eng' und *rhynchos* — 'Schnauze, Nase'; das Epitheton *speciosum* bedeutet 'prächtig'. Nicolaus von Jacquin veröffentlichte 1793 als erster unter dem Namen *Neottia speciosa* eine Abbildung dieser hübschen Orchidee in seinen *Icones Plantarum Rariorum*

(Tafel 600). Im Jahr 1790 kamen Pflanzen aus der Karibik durch Sir Brooke Boothby nach Kew.

In der Natur wächst *S. speciosum* sowohl epiphytisch in feuchten Wäldern auf Baumstämmen als auch auf Felsen sowie auf dem Boden unter Büschen und in Grasland. Die Kultur ist einfach und die Pflanzen bieten einen prachtvollen Anblick in einer gut durchlässigen Erdmischung. Die Rosette aus dunkelgrünen Blättern wird von einem langlebigen, rötlichen Blütenstand überragt. Länger als die Blüten mit ihren oberseits weiß gefärbten Lippen sind die rosafarbenen oder roten Tragblätter.

128

Francis Bauer.

Neottia speciosa.

Xylobium variegatum (RUIZ et PAVON) GARAY et DUNSTERVILLE

VERBREITUNG: Costa Rica, Venezuela und südlich bis nach Bolivien und Brasilien

Bis vor nicht allzu langer Zeit war diese weit verbreitete Art als *Xylobium squalens* bekannt. Sie wurde ursprünglich von LINDLEY als *Dendrobium squalens* beschrieben. Dieser konnte eine Pflanze untersuchen, die aus der Gegend von Rio de Janeiro stammte und in der Gärtnerei LODDIGES etabliert worden war. Er führte sie in die Gattung *Xylobium* über, als er diese 1825 begründete. Später war er sich dieses Wechsels nicht mehr sicher und stellte die Art versuchsweise zur Gattung *Maxillaria*. Seine damals neu aufgestellte Gattung ist die heute für diese Sippe akzeptierte, wobei der aus dem Griechischen abgeleitete Name auf die epiphytische Lebensweise der LINDLEY bekannten Pflanzen Bezug nimmt, denn *xylon* bedeutet 'Holz, Bauholz' und *bios* 'Leben'.

Im Verlauf ihrer monumentalen Untersuchung der Orchideen von Venezuela entdeckten GARAY und DUNSTERVILLE einen früheren Namen als den LINDLEYS für diese Art. Die spanischen Botaniker RUIZ und PAVON hatten sie als *Maxillaria variegata* beschrieben, als sie in Peru Pflanzen sammelten. 1961 wurde dann der Name *Xylobium variegatum* endgültig veröffentlicht.

Heute kennt man etwa 30 Arten der Gattung *Xylobium* aus den amerikanischen Tropen. Pflanzen dieses Genus unterscheiden sich von Vertretern der Gattung *Maxillaria* durch ihre plikaten (längs gefalteten) Blätter und Infloreszenzen, die anstelle von einer wenige bis zahlreiche Blüten tragen. Letztere sind oft ziemlich eintönig, cremefarben oder gelb mit roten oder purpurbraunen Flecken. Teilweise werden sie von den großen Blättern verdeckt, die sich jeweils in Zweizahl an der Spitze der abgeflachten Pseudobulben finden.

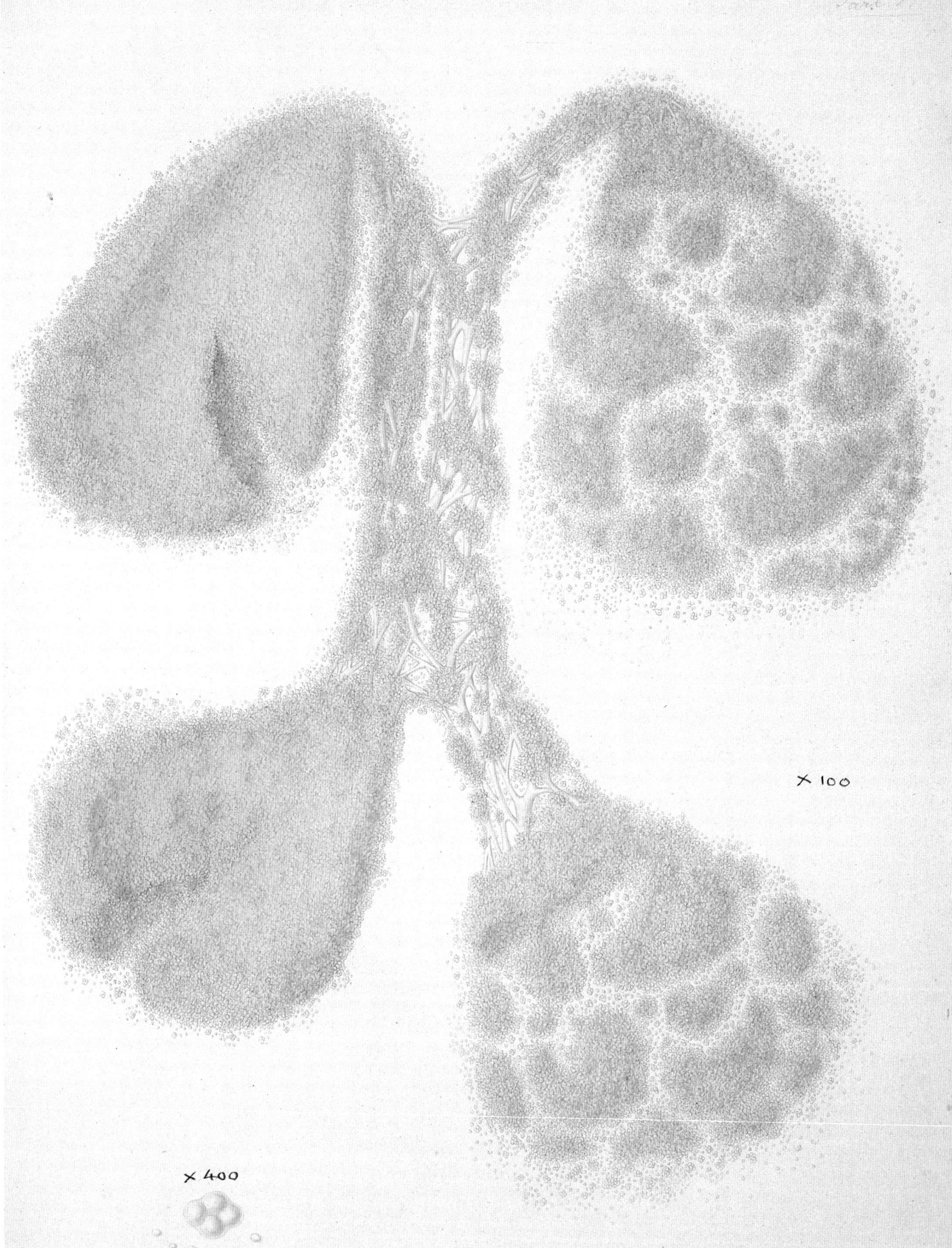

× 100

× 400

Die stark vergrößerten Pollinien von *Bletia purpurea*
(vgl. S. 138)

Bau und Funktion der Orchideenblüte

Die meisten heute veröffentlichten Orchideenbücher enthalten Farbphotographien, welche die faszinierende Vielfalt von Form und Farbe der Orchideenblüten wiedergeben. Bauers immenses Geschick und der Wert seiner Zeichnungen noch zwei Jahrhunderte später sowohl für Wissenschaftler wie für Orchideenliebhaber liegen in der Verwendung von Präparationswerkzeugen und eines Mikroskops. Damit entdeckte er die feinsten Details der Orchideenblüten bis hin zu einzelnen Zellen und ihren Kernen und gab sie in einer Genauigkeit und in einem Stil wieder, der nie mehr übertroffen wurde.

Dieser Abschnitt des Buches zeigt Reproduktionen von zehn von Bauers Zeichnungen präparierter Orchideenblüten und ihrer Teile. Vier wurden in seinen *Illustrations of Orchidaceous Plants, with Notes and Prefatory Remarks by John Lindley* zwischen 1830 und 1838 publiziert; die übrigen sechs werden hier zum ersten Mal veröffentlicht. Lindley benutzte seine Zusammenarbeit mit Bauer, um eine Abhandlung zu veröffentlichen, die seine eigenen Beobachtungen zu Bau und Funktion der Orchideenblüte zusammenfaßte und diese mit einer Einteilung der verschiedenen Gattungen zu Triben verband. Seine Gliederung der Familie in verschiedene Hauptgruppen anhand der Art des Pollens und seiner Verbindung zur Säule ist noch heute Grundlage der Orchideensystematik.

Die Zeichnungen von *Broughtonia sanguinea* auf S. 137 wurden noch nie publiziert. Sie illustrieren die Grundbestandteile – drei Sepalen, zwei Petalen und eine Lippe (Labellum), welche die zentrale Säule umgibt –, die in jeder Orchideenblüte vorhanden sind, mag sie noch so abgewandelt oder reduziert sein.

Die Zeichnungen der folgenden drei Seiten beziehen sich auf die Funktion der reproduktiven Teile der Orchideenblüte: eine Gruppe von Pollinien, die zur Sichtbarmachung der vielen tausend Pollenkörner in Wasser gequetscht wurde, Schnitte durch das Ovar zeigen zahlreiche unreife Samenanlagen an den drei Y-förmigen Plazenten und als letztes sieht man die reife Frucht mit ihren Samen, die aus einer erfolgreichen Befruchtung hervorgegangen sind. Aus Lindleys Notizen wird deutlich, daß er und Robert Brown, der Bibliothekar von Sir Joseph Banks, Bauers Deutung der Funktion des Pollens und der Narbe nicht zustimmten. Browns Deutung stellte sich als korrekt heraus, aber Lindley betonte, daß dies 'nicht den Wert von Mr. Bauers Beobachtungen mindert'.

Abschließend zeigen sechs Illustrationsseiten die Variabilität der Säulenstruktur der *Orchidaceae*. Sie wurden ausgewählt, um diejenigen Merkmale zu zeigen, die für Lindley wichtig waren und die die Basis bildeten, auf der in modernen Systemen (vgl. Dressler, 1981) sechs Unterfamilien unterschieden wurden. Cribb (in Bechtel, Cribb und Launert, 1992) folgte einem neueren Vorschlag Dresslers (1983) und vereinigte die *Epidendroideae* und die *Vandoideae*, obwohl dadurch eine sehr große und vielgestaltige Unterfamilie geschaffen wurde. Pridgeon (1992) und Seidenfaden und Wood (1992) dagegen erkennen die Unterfamilien in dem hier vorgestellten Umfang an.

DIE GRUNDSTRUKTUR EINER ORCHIDEENBLÜTE

BEISPIEL: *Broughtonia sanguinea* (SWARTZ) R. BROWN
(Syn. *Epidendrum sanguineum* SWARTZ)

Die Schauorgane der Orchideen sind in zwei Wirteln angeordnet, von denen jeder aus drei Elementen zusammengesetzt ist. Der äußere besteht aus drei Sepalen, von denen sich eines oftmals schwach von den beiden anderen, seitlich angeordneten unterscheidet. Der innere Kreis besteht aus zwei ähnlichen Petalen, die größer, kleiner oder so groß wie die Sepalen sind, und einem von diesen abweichenden, dritten Petalum, welches als Lippe oder Labellum bezeichnet wird. Dieses ist fast stets stark von den übrigen Blütenteilen verschieden: manchmal ist die Lippe kleiner, meistens jedoch ist sie viel größer und bunter. Da der Blütenstiel in der Regel um etwa 180° in sich verdreht ist, kommt die Lippe meist auf der unteren Seite der Blüte zu liegen und bietet damit eine angemessene Landeplattform für besuchende Insekten.

Die reproduktiven Teile der Blüte liegen in ihrem Zentrum und sind mehr oder weniger zu einem verhältnismäßig massiven, als Säule bezeichneten Gebilde verwachsen. Die Säule ist kurz oder lang, oftmals an ihren Seiten geflügelt, manchmal auffällig gefärbt und steht stets in Verbindung mit dem Ovar, das sich unterhalb der übrigen Blütenteile befindet. Bei der Mehrzahl der Orchideen liegt die einzige Anthere in der Nähe der Säulenspitze. Die Anthere birgt den Pollen, der in der Regel innerhalb der Fächer einer dünnwandigen Antherenkappe zu Pollinien zusammengefaßt ist. Mit einem sehr kurzen und zerbrechlichen Filament ist die Anthere an der Säule befestigt. Bei *Broughtonia* finden sich vier Pollinien unter der weißen Antherenkappe. Die Narbe ist in der Regel eine einfache Höhlung auf der Innen- oder Unterseite der Säule.

Broughtonia unterscheidet sich von anderen Gattungen der Unterfamilie der *Epidendroideae* durch den langen Sporn an der Basis der Sepalen, der mit dem Ovar verwachsen ist. Dieser bildet ein Nektarium, das Schmetterlinge anzieht, die in Jamaika die Blüten dieser Orchideenart bestäuben.

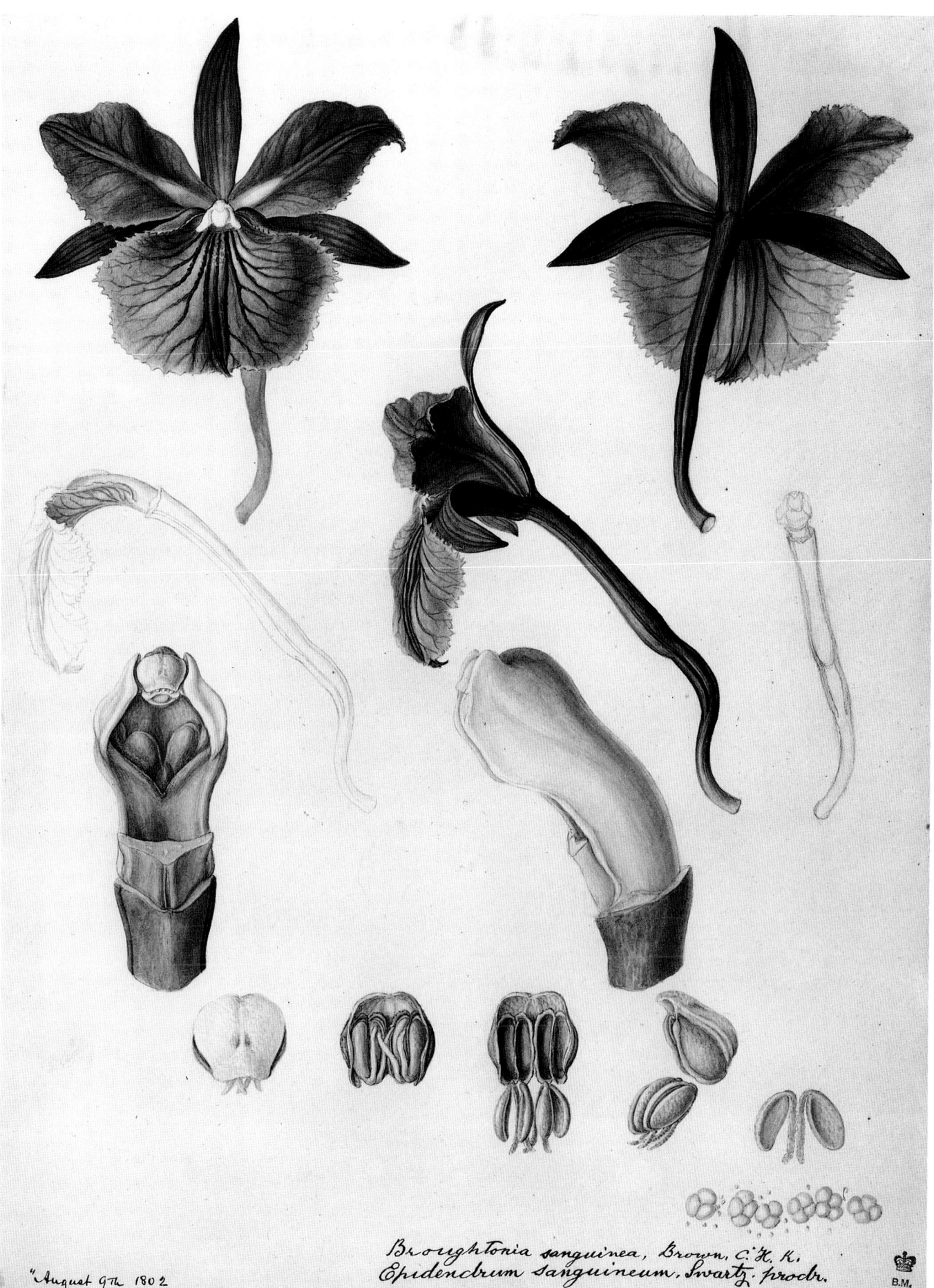

"August 9th 1802
Mr Barret at Ewel."

Broughtonia sanguinea, Brown. C. H. K.
Epidendrum sanguineum. Swartz. prodr.
Dendrobium sanguineum. W.

DIE FUNKTION EINER ORCHIDEENBLÜTE

I. Anthere und Pollinien

BEISPIEL: *Bletia purpurea*
(LAMARCK) DE CANDOLLE
(vgl. Farbtafel auf S. 132)

II. Das Ovar

BEISPIEL: *Bletia purpurea*
(LAMARCK) DE CANDOLLE

Die einzige Anthere einer *Bletia*-Blüte enthält zwei Sätze aus jeweils vier Pollinien. Diese sind gelb, hart und in der Blüte in ihren Antherenfächern etwas abgeflacht.

Um die Feinstruktur der wachsartigen Pollinien dieser und anderer Arten zu demonstrieren, entfernte BAUER einen Satz mit vier Pollinien aus einer Blüte und brachte diesen in Wasser. Die einzelnen Pollenkörner und die Art ihrer Zusammenballung waren dann im Mikroskop zu erkennen. Das elastische, die einzelnen Pollinien miteinander verbindende Gewebe erweist sich als Netzwerk eines Materials, an dem überall weitere Pollenkörner haften.

BAUER skizzierte geduldig Tausende von Pollenkörnern bei einer hundertfachen und daneben eine Gruppe aus vier Pollenkörnern sowie einige einzelne bei einer vierhundertfachen Vergrößerung. Die Skizzen entstanden 1801; diese Illustration wurde 1830 teilweise publiziert.

Wie bei *Narcissus, Iris* und anderen bekannten Gattungen der Monokotyledonen befindet sich das Ovar unterhalb der Blüte. Bei zahlreichen Orchideen entwickelt es sich erst nach der Bestäubung zur Gänze; während der Blütezeit hingegen ist es schlank und setzt sich kaum vom Blütenstiel ab. Schnitte wie die von BAUER angefertigten lassen erkennen, daß der Fruchtknoten aus drei Karpellen besteht. Bei den meisten Orchideen und auch bei *Bletia* sind zwischen den Fächern der einzelnen Karpelle keine Wände ausgebildet, so daß das gesamte Zentrum des Ovars von den sich entwickelnden Samenanlagen fast vollständig ausgefüllt ist. Diese stehen auf Y-förmigen Plazentarleisten, die Wucherungen der Ovarwände darstellen. Bei einigen ursprünglichen Orchideen (so auch bei *Apostasia;* vgl. S. 142) weist das Ovar drei getrennte Fächer auf.

Die beiden Zeichnungen entstanden im Jahr 1801; sie zeigen einen Quer- und einen Längsschnitt durch das Ovar von *Bletia purpurea* in sechzigfacher Vergrößerung. Sie wurden 1830 als separate Tafeln in den *Illustrations of Orchidaceous Plants* veröffentlicht.

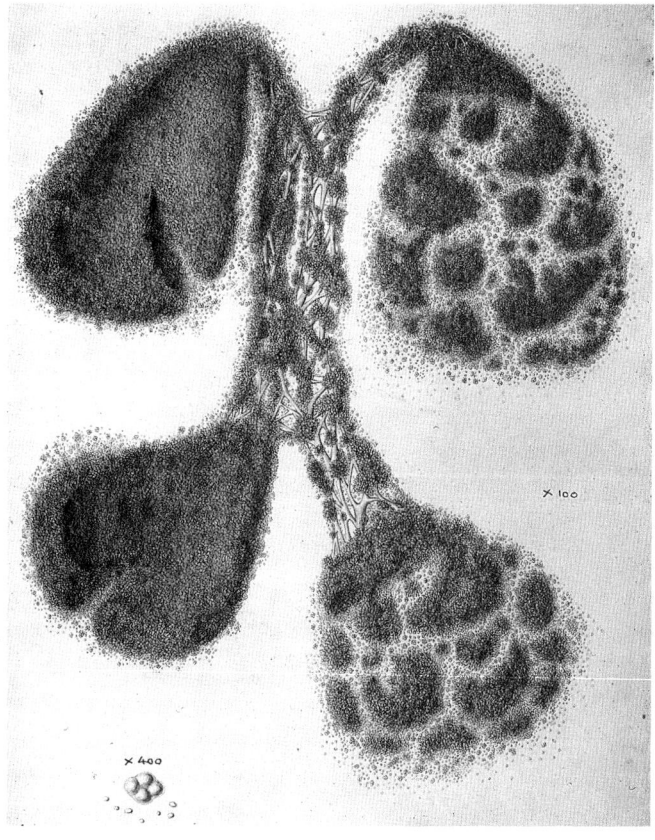

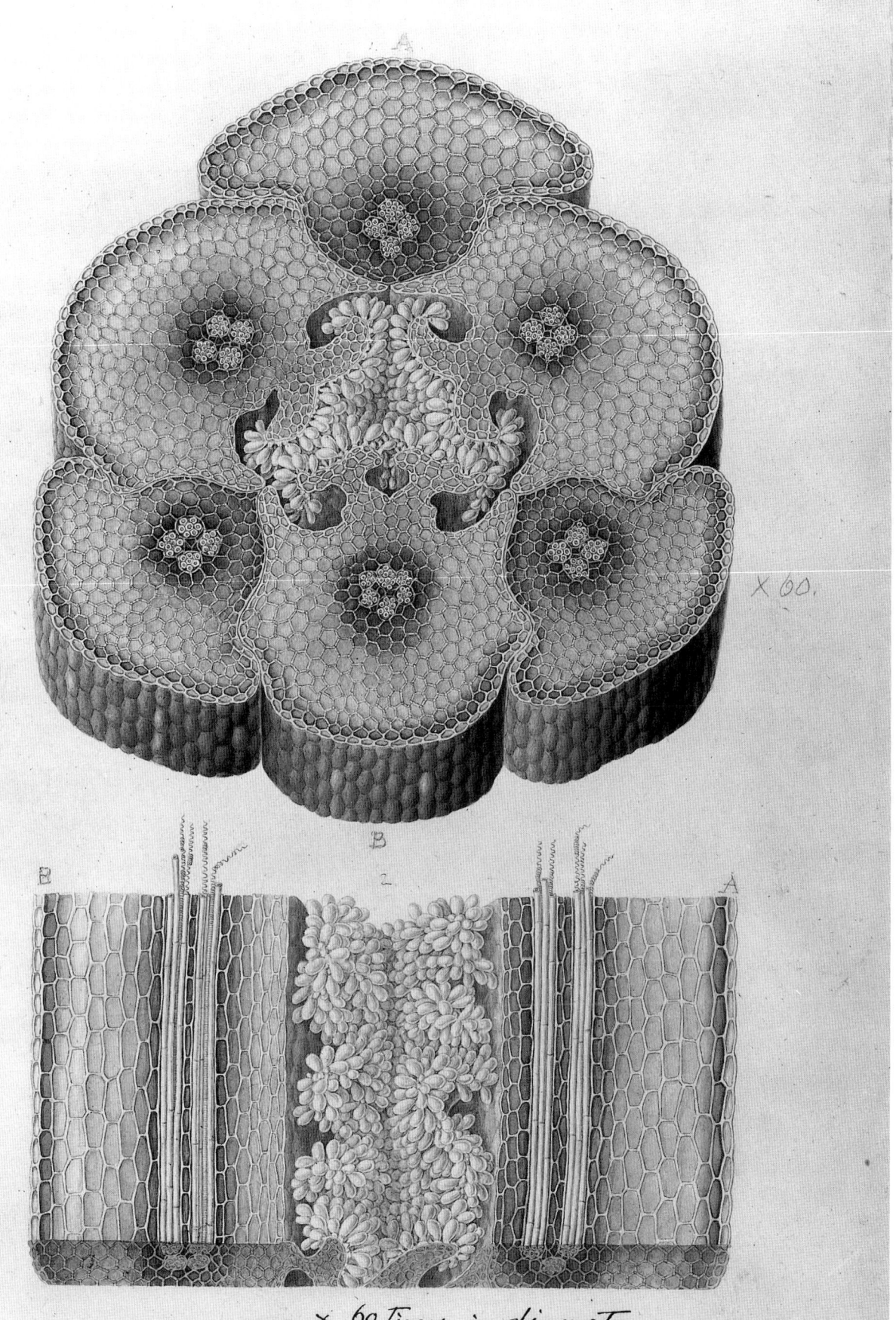

× 60 Times in diameter

Bletia
Limodorum altum.

DIE FUNKTION EINER ORCHIDEENBLÜTE

III. Frucht und Samen

BEISPIEL: *Epipactis palustris* (LINNAEUS) CRANTZ

Nach der Bestäubung vergrößert sich das Ovar rasch, wobei zunächst die Samenanlagen zur Befruchtbarkeit heranwachsen und später die Samen ausreifen. Nach mehreren Wochen oder sogar Monaten trocknet die Fruchtknotenwand aus, wird braun und reißt in der Regel entlang ihrer drei oder sechs Fruchtklappen auf. In nur wenigen Fällen spaltet sich die Frucht entlang einer einzigen ventralen Naht. Die Samen werden ins Freie entlassen und durch den Wind verbreitet. Unter dem Mikroskop ist der winzige Embryo als dunkle rundliche oder ovale Gestalt zu erkennen, der von der Netzstruktur der Samenschale umgeben ist. Letztere besitzt eine kleine Öffnung an der Stelle, wo sie an der Wand des Fruchtknotens angeheftet war und durch die dann gegebenenfalls die Pilzhyphen eindringen können, um die Keimung zu fördern.

Die ungeheuer große Zahl der winzigen Orchideensamen ist erstaunlich für jeden, der jemals eine Orchideenfrucht näher untersucht hat. BAUER tat dies gründlich bei zahlreichen Arten, deren Früchte er zeichnete und deren Samen er bei einer hundertfachen Vergrößerung wiedergab. Diese Zeichnungen von *Epipactis palustris* wurden im Oktober 1799 angefertigt, bisher aber noch nicht publiziert. Zur gleichen Zeit entstanden die Zeichnungen der Früchte und eines Samens von *Cypripedium calceolus* im oberen Teil der Tafel.

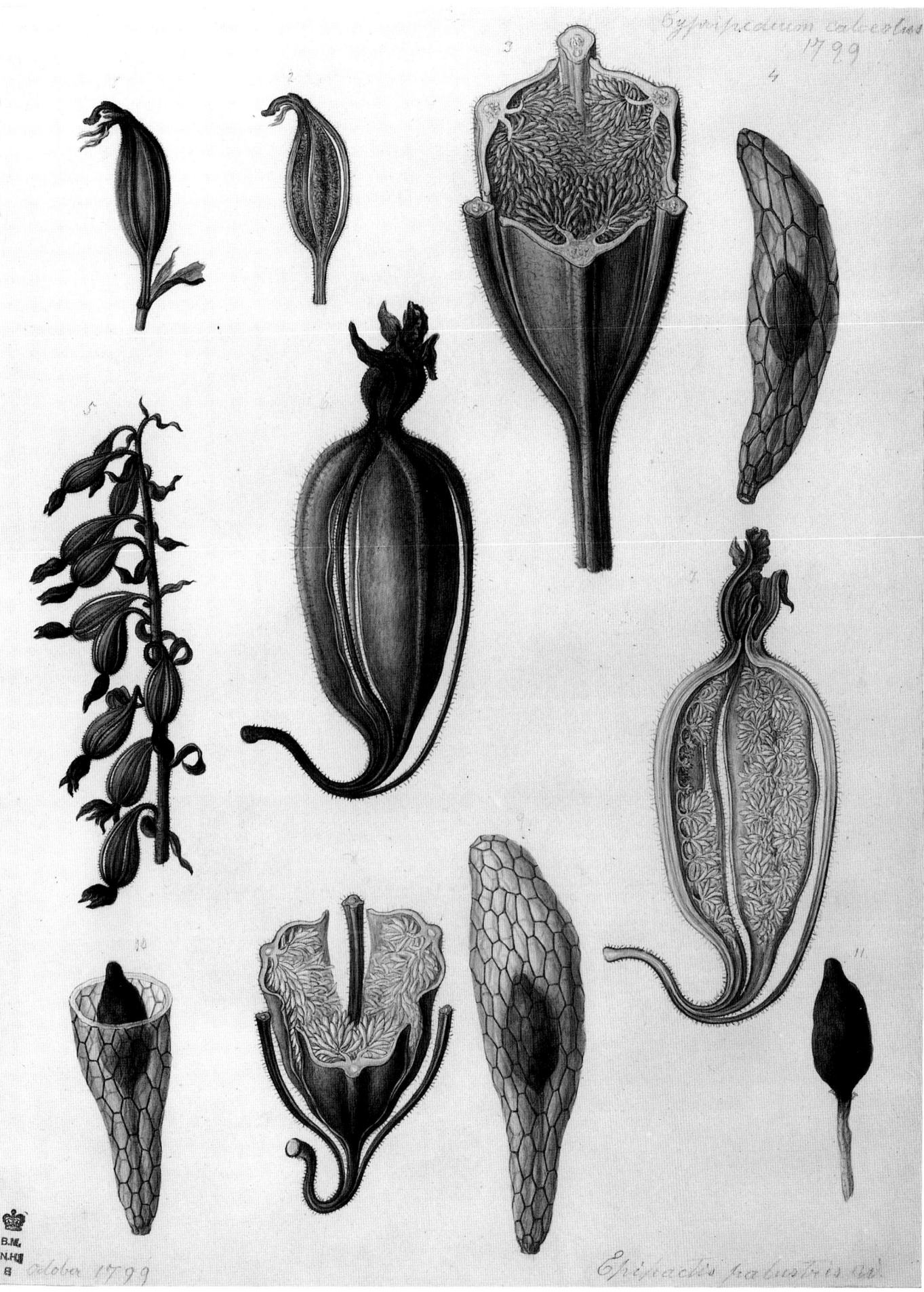

DER BAU DER ORCHIDEENBLÜTE
UND DIE SYSTEMATISCHE EINORDNUNG

I. Apostasioideae

BEISPIEL: *Apostasia nuda* R. BROWN und
Apostasia wallichii R. BROWN

Die manchmal als Repräsentanten der eigenständigen Familie der *Apostasiaceae* aufgefaßten Vertreter der zwei Gattungen dieser Unterfamilie mit zusammen 15 Arten kommen im tropischen Asien vor und besitzen kleine Blüten, die bei flüchtiger Betrachtung lilienähnlich wirken. In BAUERS Zeichnung wurde die links oben wiedergegebene Knospe geöffnet und präpariert, um die drei Sepalen und die drei Petalen zu zeigen. Das dritte Kronblatt ist, besonders auch an seiner Basis, etwas schmäler als die beiden anderen. Ein größerer Unterschied zu anderen Orchideenblüten besteht im Bau der Säule: diese trägt zwei große Staubblätter, deren Antheren frei sind und die nur mit ihren Filamenten mit der Basis des zentralen Griffels verwachsen sind. Narbe, Griffel und die vergrößert wiedergebene Zeichnung einer einzelnen Anthere zeigen weitere Gemein-samkeiten mit den Blüten anderer Monokotyledonen. Die zweite Gattung dieser Unterfamilie, *Neuwiedia*, unterscheidet sich noch mehr von anderen Orchideen durch das Vorhandensein von jeweils drei ähnlichen Staubblättern anstelle der bei der hier wiedergegebenen Art vorhandenen zwei. Die Abbildungen am unteren Rand der Tafel belegen, daß bei zwei Arten der Gattung *Apostasia* der Fruchtknoten dreifächrig ist, die Samen beider Arten eine verdickte Samenschale aufweisen und damit an diejenigen von *Vanilla* erinnern.

BAUER fertigte die Skizzen beider Arten 1832 anhand getrockneten Materials an. Die Lithographie von M. GAUCI, im gleichen Jahr in den *Illustrations of Orchidaceous Plants* veröffentlicht, überhöht die originalen Bleistiftskizzen sehr stark.

142

TAB.15.

FRUCTIFICATION.

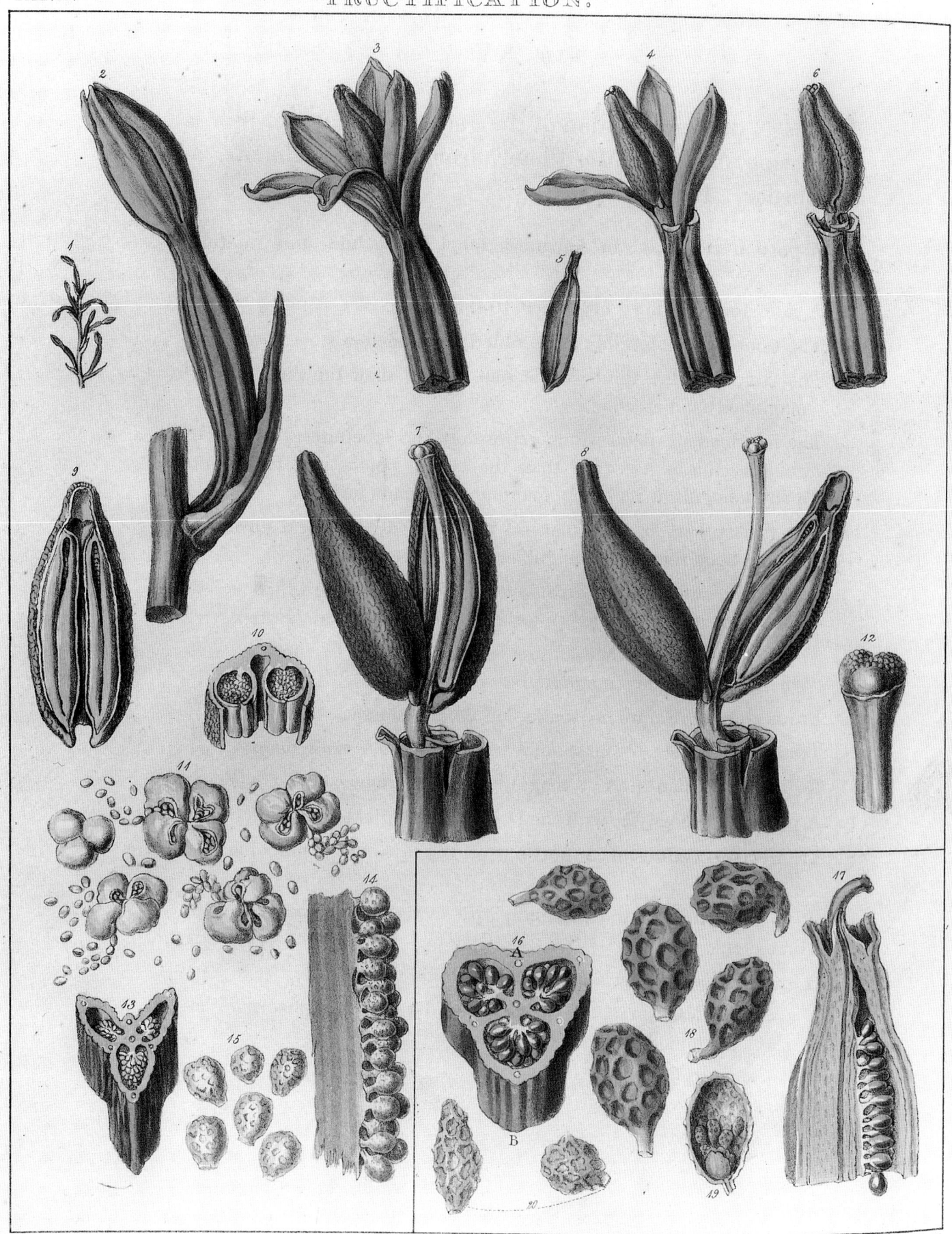

DER BAU DER ORCHIDEENBLÜTE
UND DIE SYSTEMATISCHE EINORDNUNG

II. Cypripedioideae

BEISPIEL: *Cypripedium reginae* WALTER

Die frauenschuhartigen Orchideen unterscheiden sich von allen anderen Unterfamilien durch die pantoffelartig geformte Lippe. Gewissermaßen als Gegengewicht zu ihr finden sich ein großes dorsales Sepalum, zwei oftmals von der Lippe verdeckte, miteinander verwachsene Lateralsepalen und zwei Petalen, die entweder abstehen oder aber, wie bei verschiedenen Arten, auch herabhängen können.

Die Unterfamilie enthält nur vier Gattungen: *Cypripedium* in den nördlichen temperierten Regionen, *Paphiopedilum* in Asien, *Phragmipedium* und *Selenipedium* im tropischen Mittel- und Südamerika.

BAUERs Zeichnungen der verschiedenen *Cypripedium*-Arten finden sich auf den Farbtafeln der Seiten 43-53 dieses Buches und einige von ihnen zeigen die kennzeichnende Säule der Vertreter dieser Unterfamilie. Sie ist kurz und besitzt zwei seitliche fertile Antheren und eine mediane dritte sterile Anthere, die zu einem schildförmigen Staminodium umgewandelt ist. Die Narbe ist kurz gestielt und hinter dem Staminodium verborgen; ihre behaarte Oberfläche ist schwach in drei Felder gegliedert. BAUER fertigte seine Zeichnungen von dieser Art in den Jahren 1798 und 1802 nach einer lebenden Pflanze aus dem Garten von Lady BANKS an.

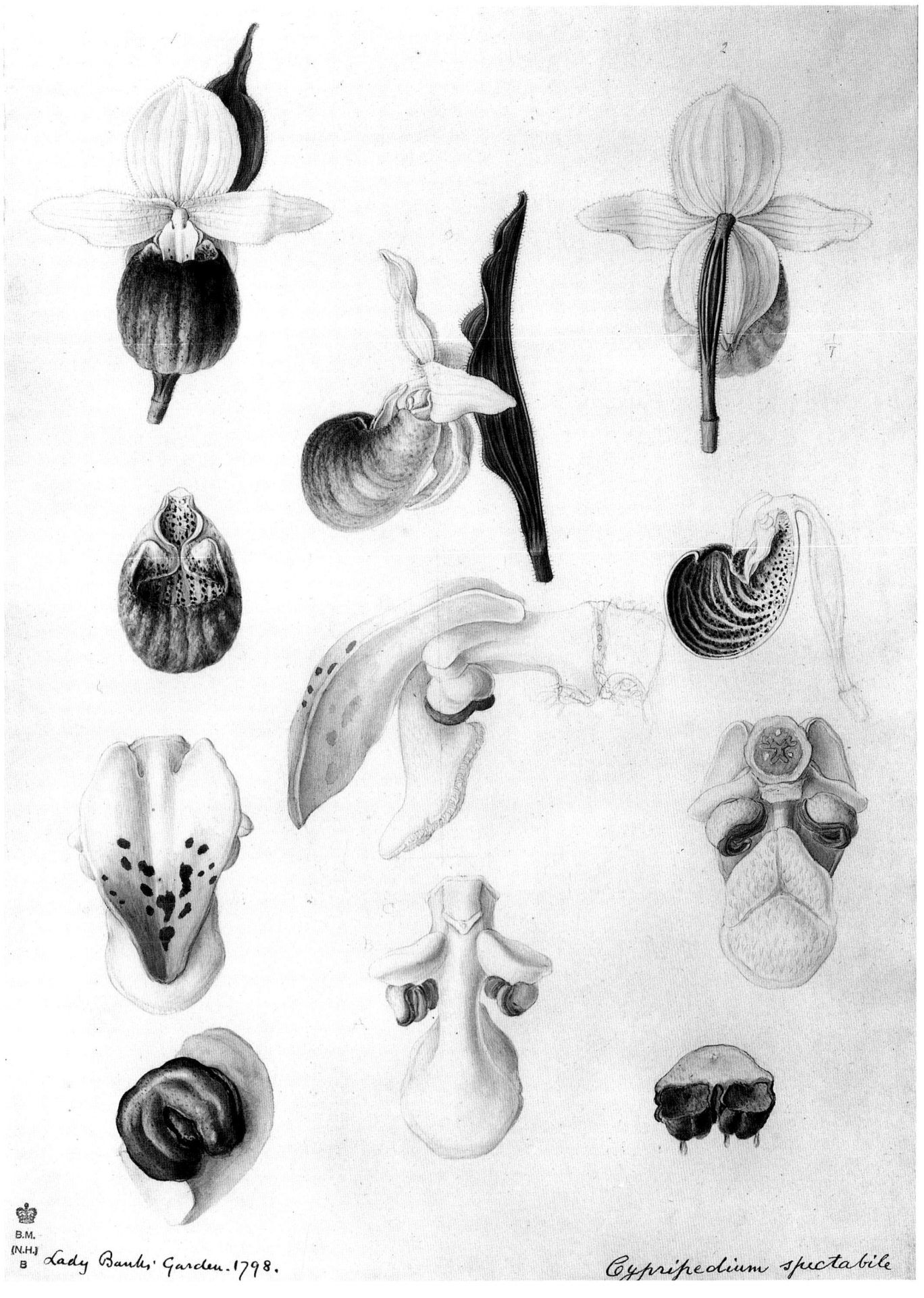

Lady Banks' Garden. 1798.

Cypripedium spectabile

DER BAU DER ORCHIDEENBLÜTE
UND DIE SYSTEMATISCHE EINORDNUNG

III. Orchidoideae

BEISPIEL: *Platanthera chlorantha* (CUSTER) REICHENBACH filius
(Syn.: *Habenaria chlorantha* (CUSTER) BABINGTON)

Zu den Orchidoideen gehören zahlreiche der uns vertrauten Orchideen Europas, Nordamerikas, Australiens und Südafrikas. Es handelt sich um terrestrische Pflanzen, die in jedem Frühjahr wieder neu aus einem Paar unterirdischer Knollen austreiben. Die Säule ist in der Regel kurz und aufrecht, die einzige Anthere ist an ihrer Basis fest mit ihr verbunden und enthält zwei Fächer mit je einem Pollinium. Diese Fächer liegen oftmals parallel, können aber auch weit voneinander entfernt sein, wie die nebenstehende Zeichnung von *Platanthera chlorantha* erkennen läßt. Jedes Pollinium besteht vor allem aus einer Ansammlung von mehligem Pollen, der eine Portionierung in sogenannte 'Massulae' zeigt. Diese Pollenmasse befindet sich an der Spitze einer langen, schlanken Caudicula, die an ihrer Basis ein klebriges Viscidium trägt.

Die Zeichnungen von dieser Art wurden im Mai und Juni 1801 angefertigt und bisher noch nicht publiziert.

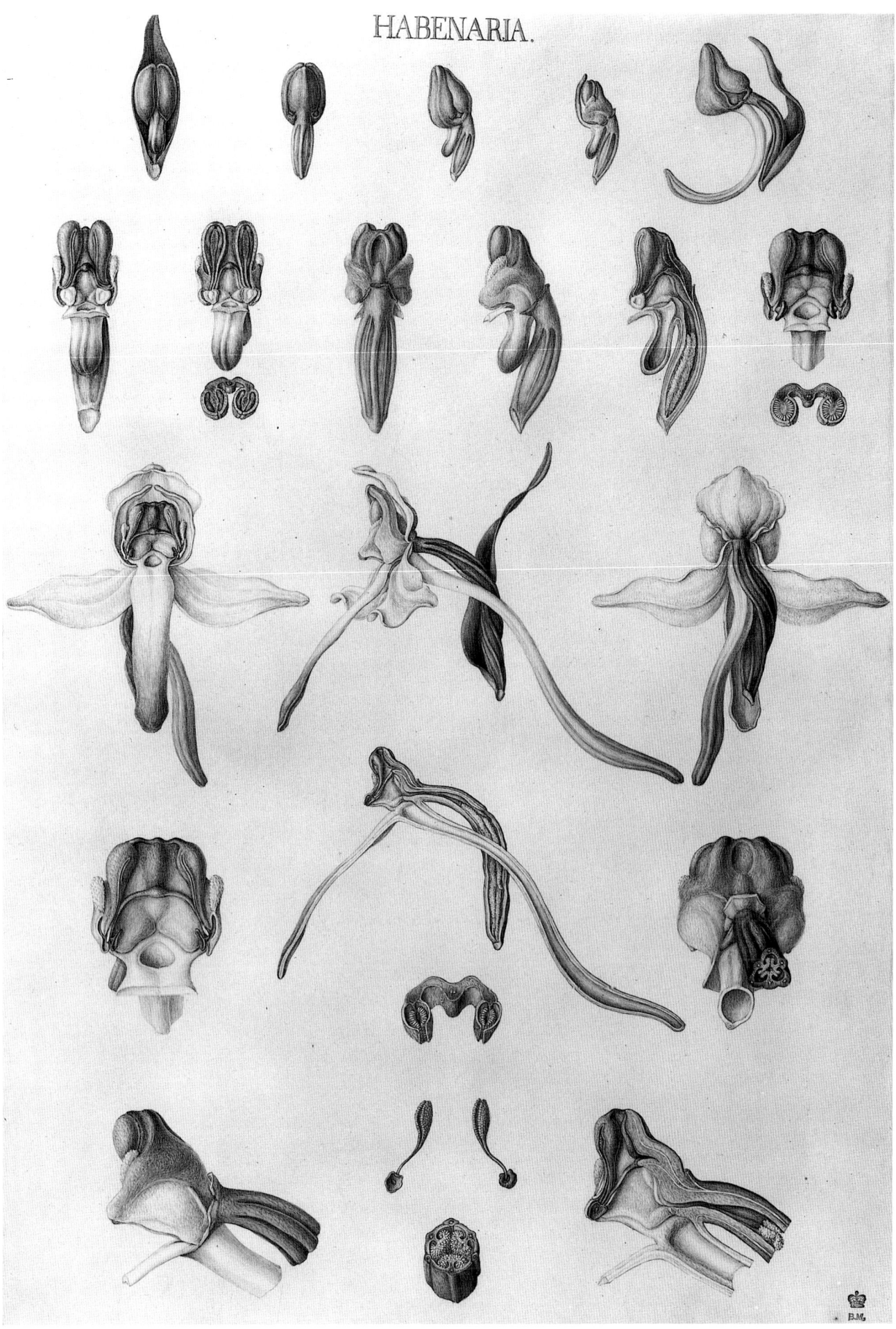

DER BAU DER ORCHIDEENBLÜTE
UND DIE SYSTEMATISCHE EINORDNUNG

IV. Spiranthoideae

BEISPIEL: *Stenorrhynchos speciosum* (JACQUIN) L.C. RICHARD
(Syn.: *Spiranthes speciosa* (JACQUIN) A. RICHARD)

Hierbei handelt es sich um eine Gruppe vornehmlich tropischer Orchideen, die mehr mit Hilfe von kriechenden Rhizomen denn durch Knollen überdauern. Die Blüten sind meist klein, aber anhand ihrer charakteristischen Säulenstruktur leicht anzusprechen.

BAUER zeichnete die Blüte von *Stenorrhynchos speciosum* samt ihrem großen Tragblatt achtfach vergrößert. Unter der Frontal- und Seitenansicht der Blüte zeigen die Darstellungen der Säule deutlich die einzige Anthere auf der Oberseite der Säule.

Zwei Pollinienpaare, die jeweils von einem Antherenfach gebildet werden, sind in Vorder- und Rückansicht im unteren Teil der Tafel vorgestellt. Die vier Pollinien besitzen ein gemeinsames Viscidium, welches in der geöffneten Blüte an der äußersten Spitze der Säule lokalisiert ist. Die Narbe hingegen liegt auf der Unterseite der gebogenen Säule.

Diese Zeichnungen entstanden 1794 nach einer Pflanze aus Kew Gardens. Eine Tafel mit diesen und anderen, zur gleichen Zeit entstandenen Zeichnungen wurde in BAUERS *Illustrations of Orchidaceous Plants* veröffentlicht.

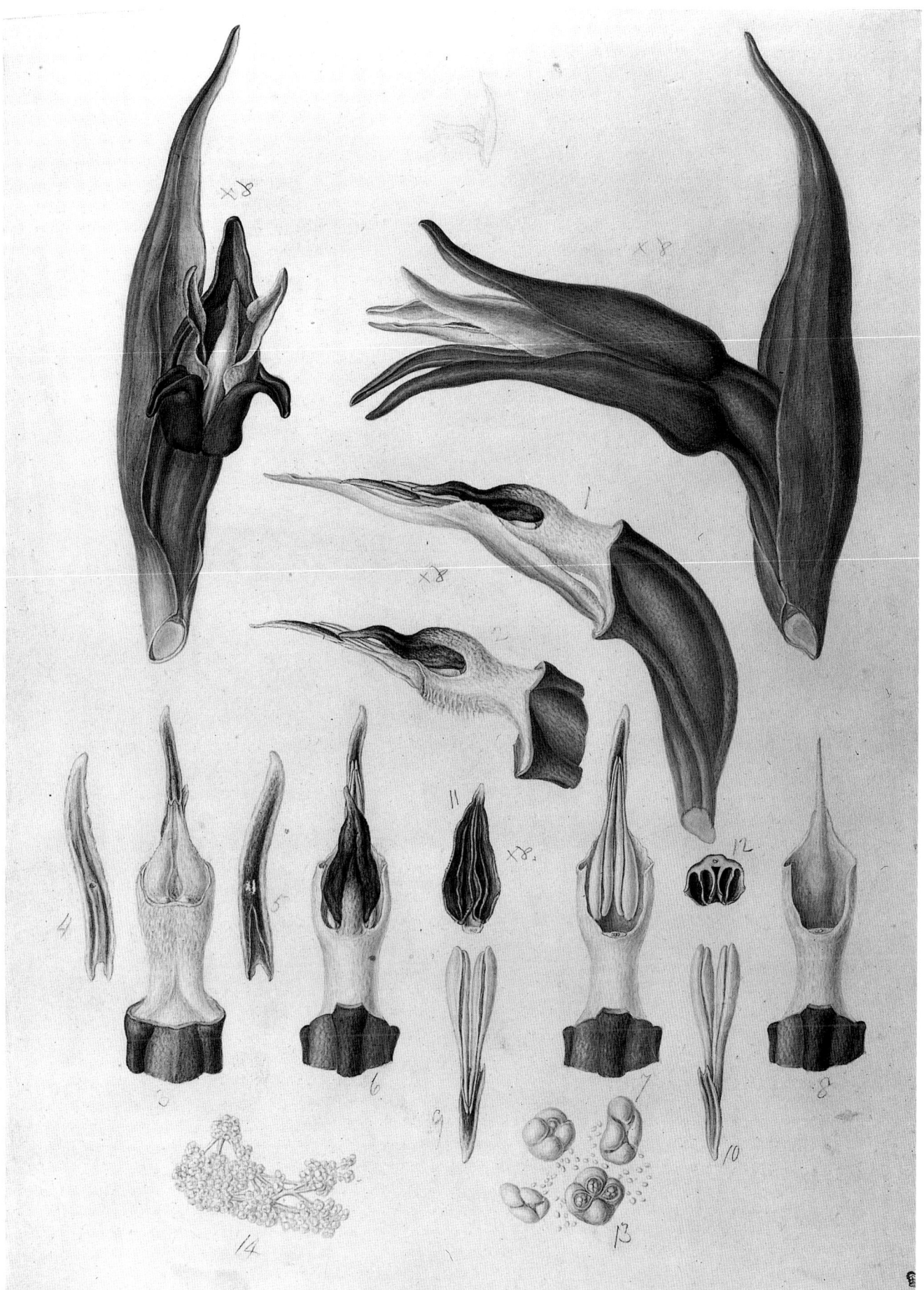

1794

Neottia speciosa

DER BAU DER ORCHIDEENBLÜTE
UND DIE SYSTEMATISCHE EINORDNUNG

V. Epidendroideae

BEISPIEL: *Epidendrum elongatum* JACQUIN

Mehr als die Hälfte aller Orchideenarten sind in dieser großen und vielgestaltigen Unterfamilie zusammengefaßt. Das ihnen allen gemeinsame Merkmal ist die Anthere, die in der jungen Blütenknospe aufrecht steht, dann aber nach vorn kippt, so daß sie einen rechten Winkel zur Säulenlängsachse bildet. Die Anthere umfaßt zwei, vier oder acht Fächer, die jeweils ein Pollinium enthalten. Bei den Vertretern der

Gattung *Epidendrum* findet sich kein Viscidium, während bei verschiedenen anderen Gattungen dieser Unterfamilie eine solche Struktur wohl ausgebildet ist. Die Narbe befindet sich auf der Ventralseite der Säule.

Diese Zeichnungen entstanden im Juni 1802 und wurden bisher noch nicht publiziert.

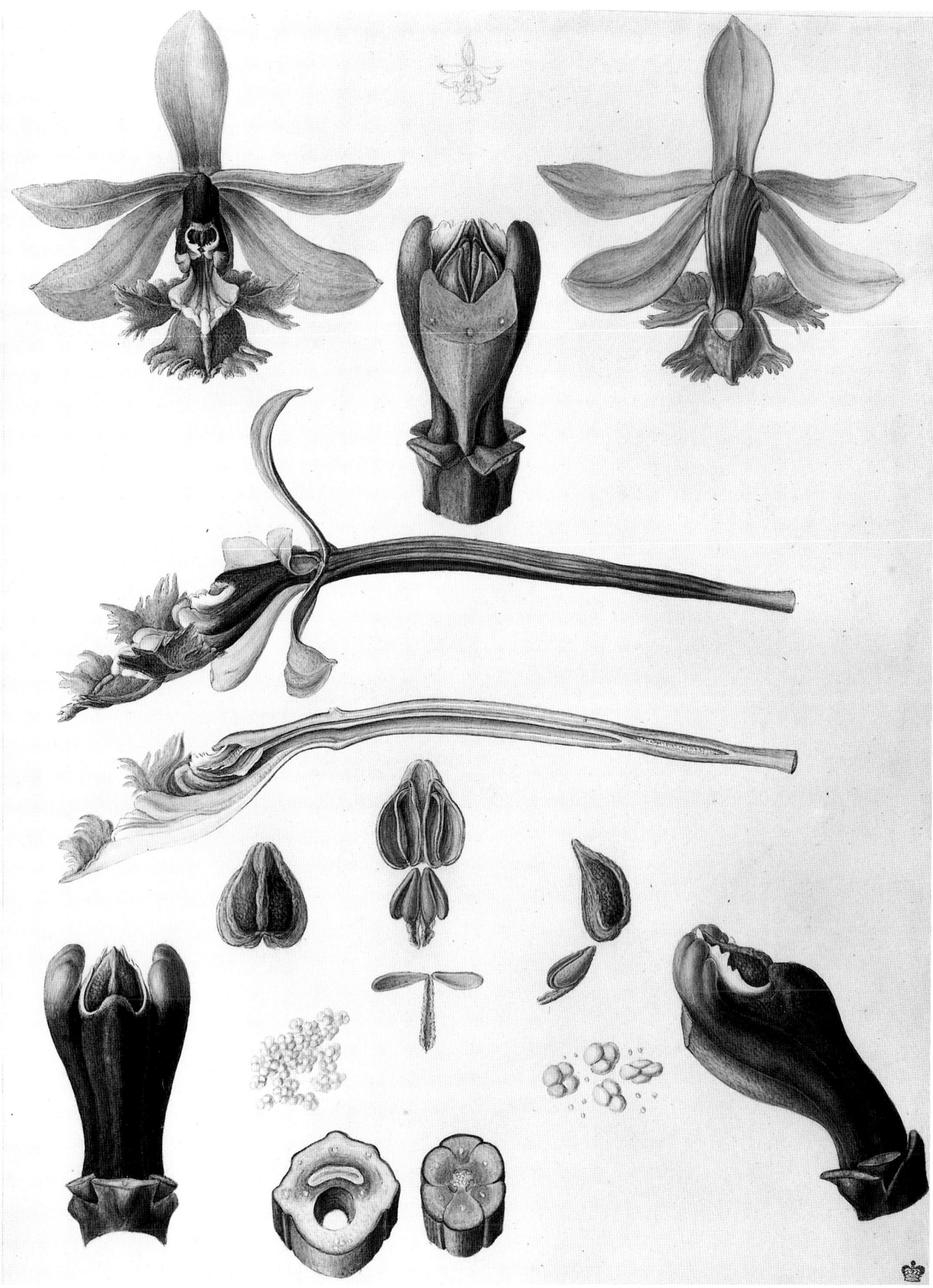

DER BAU DER ORCHIDEENBLÜTE
UND DIE SYSTEMATISCHE EINORDNUNG

VI. Vandoideae

BEISPIEL: *Vanda tessellata* (ROXBURGH) G. DON
(Syn.: *Epidendrum tessellatum* ROXBURGH)

Die traditionsgemäß als die am höchsten entwickelten Orchideen betrachteten Vertreter dieser Unterfamilie leben meist als Epiphyten in allen tropischen Gegenden der Erde. Die Blüten besitzen eine kurze Säule, an deren Spitze die Pollinien hinter einer Antherenkappe, die leicht abfällt, verborgen sind. Die Narbe zeigt sich als eine klebrige Höhlung unmittelbar unterhalb des Rostellums, welches das Viscidium stützt. Das Pollinarium besteht aus zwei wachsartigen Pollinien, die mit einem kurzen Stipes an dem Viscidium angeheftet sind. Innerhalb der Unterfamilie gibt es Gattungen mit einem oder zwei Paaren von Pollinien, von denen jedes einen eigenen Stipes oder verschmolzene Stipites und jedes ein eigenes oder ein gemeinsames Viscidium aufweisen kann. Viele Gattungen können sofort am Bau der Pollinarien erkannt werden, sogar wenn diese von Insekten abgesammelt wurden.

Sir JOSEPH BANKS brachte diese Orchidee 1819 in England zum ersten Mal in Spring Grove, Isleworth zur Blüte. Dies liegt nicht weit von Kew entfernt, wo FRANZ BAUER lebte. Es handelt sich um eine der asiatischen Orchideen mit monopodialem Wuchs.

Die Zeichnung von *Aerides odorata*, die ebenfalls zum ersten Mal in diesem Buch veröffentlicht wurde (vgl. S. 21) zeigt den besonderen Habitus dieser Orchideen.

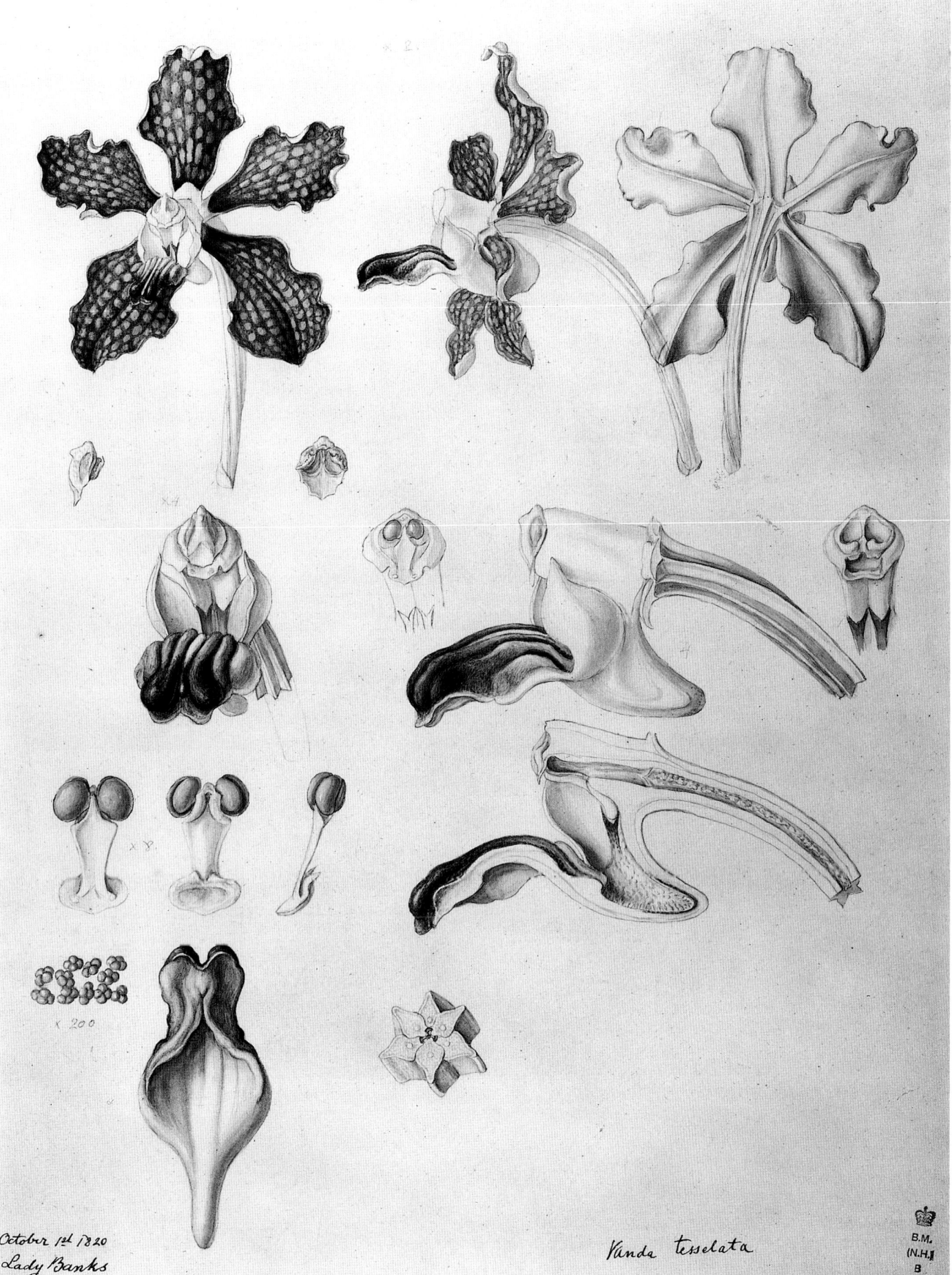

Vanda tessellata

Literaturverzeichnis

zu den folgenden Kapiteln

Franz Bauer,
der erste botanische Künstler in Kew

AITON, W.: *Hortus Kewensis.* 3 Bände. London, 1789

AITON, W. T.: *Hortus Kewensis.* 2. Aufl., 5 Bände. London, 1810-13

ANON: Francis Bauer. *Annals and Magazine of Natural History* 7: 77-78, 439-444. 1841

BAUER, F. A.; LINDLEY, J.: *Illustrations of Orchidaceous Plants.* 4 Teile. London, 1830-38

BLUNT, W.; STEARN, W. T.: *The Art of botanical Illustration.* London, 1950

FULFORD, R.: *Royal Dukes, Queen Victoria's Father and 'Wicked Uncles'.* London, 1933

GREENE, E. L.: *Landmarks of botanical History.* Washington, D. C., 1909 (Reprint Stanford, Kalifornien, 1983)

KRONFELD, E. M.: Jacquin des Jüngeren botanische Studienreise 1788-1790, aus den unveröffentlichten Briefen herausgegeben. *Beihefte zum Botanischen Centralblatt* 38 ii: 132-176. 1921

LYSAGHT, A. M.: *Joseph Banks in Newfoundland and Labrador, 1766.* London, 1971

MEYNELL, G.: Francis Bauer, Joseph Banks, Everard Home and others. *Archives of Natural History* 11: 203-221. 1983

NISSEN, C.: *Die botanische Buchillustration, ihre Geschichte und Bibliographie.* 2 Bände. Stuttgart, 1951

NOLTE, M. J.: *Ferdinand Bauer. The Australian Natural History Drawings.* London, 1989

OLBY, R.: Bauer, Ferdinand Lucas. Bauer, Franz Andreas. In C. C. Gillespie (Hrsg.): *Dictionary of Scientific Biographie* 1: 520-521. 1970

PRITZEL, G. A.: *Thesaurus Literaturae botanicae.* 2. Aufl. Leipzig, 1871-77

REINIKKA, M. A.: *A History of the Orchid.* Coral Gables, Florida, 1972

SCHEER, F.: *Kew and its Gardens.* London, 1840

STEARN, W. T.: Franz and Ferdinand Bauer, masters of botanic illustration. *Endeavour* 19: 27-35. 1960

STEARN, W. T.: Sibthorp, Smith, the 'Flora Graeca' and 'Flora Graecae Prodomus'. *Taxon* 16: 168-178. 1967

STEARN, W. T.: William Hooker (1779-1832), illustrator of flowers and fruits, and his associates. In F. A. Roach & W. T. Stearn: *Hooker's finest Fruits:* 9-22. 1989

STEARN, W. T.: John Lindley (1799-1865). A sketch of the life and works of a pioneer British orchidologist and gardener-botanist. In S. Sprunger (Hrsg.): *Orchids from the Botanical Register, 1815-1847:* 15-44. 1990

STEARN, W. T.: Bauer, Ferdinand Lucas. In J. Kerr (Hrsg.): *Dictionary of Australian Artist to 1870:* 53-54. 1992

THISELTON-DYER, W. T.: Historical account of Kew to 1891. *Kew Bulletin* 1891: 279-327. 1891

WILLIS, G. M.; HOWES, F. N.: Notes on early Kew and the King of Hanover. *Kew Bulletin* 1950: 299-318. 1950

Bau und Funktion
der Orchideenblüte

BAUER, F.; LINDLEY, J.: *Illustration of Orchidaceous Plants*. London, 1830-38
BECHTEL, H.; CRIBB, P.; LAUNDERT, E.: *Orchideenatlas*. 3. Aufl. Stuttgart, 1993
DE VOGEL, E. F.: Monograph of the tribe Apostasieae (Orchidaceae). *Blumea* 17 (2): 315-50. 1969

DRESSLER, R. L.: *Die Orchideen. Biologie und Systematik der Orchidaceae*. Stuttgart, 1987
DRESSLER, R. L.: Classification of the Orchidaceae and their probable origin. *Telopea* 2 (4): 413-24. 1983
GARAY, L. A.: A generic revision of Spiranthinae. *Botanical Museum Leaflets, Havard University*, 28 (4): 277-425. 1980
PRIDGEON, A. (Hrsg.): *An Illustrated Encyclopedia of Orchids*. Sydney, 1992
SEIDENFADEN, G.; WOOD, J. J.: *The Orchids of Penisular Malaysia and Singapore*. Fredensborg, Dänemark 1992

Die Orchideenzeichnungen
von Franz Bauer

BECHTEL, H.; CRIBB, P.; LAUNERT, E.: *Orchideenatlas*. 3. Aufl. Stuttgart, 1993
BUTTLER, K. P.: *Field Guide to Orchis of Britain and Europe*. Swindon, 1991
CLEMENTS, M. A.: *Catalogue of Australian Orchidaceae*. Australian Orchid Research Band 1. Canberra, 1989
COATS, A. M.: *The Quest for Plants*. London, 1969
CORRELL, D. S.: *Native Orchids of North America*. Waltham, Massachusetts, 1950
CRIBB, P. J.: *The Genus Paphiopedilum*. Kew and London, 1987
DARWIN, C.: *The various Contrivances by which Orchids are fertilised by Insects*. 2. Aufl. London, 1888
DAVIES, P.; DAVIES, J; HUXLEY, A. J.: *Wild Orchids of Britain and Europe*. London, 1983
DRESSLER, R. L.: *Die Orchideen. Biologie und Systematik der Orchidaceae*. Stuttgart, 1987
DUPUY, D.; CRIBB, P.: *The Genus Cymbidium*. London, 1988

JONES, D. L.: *Native Orchids of Australia*. Frenchs Forest, New South Wales, 1988
KAISER, R.: *Vom Duft der Orchideen*. Basel, 1993
LANDWEHR, J.: *Les Orchidées sauvages de France et d'Europe*. 2 Bände. Lausanne, 1982
LINDLEY, J.: *The Genera and Species of Orchidaceous Plants*. London, 1830-40 (Reprint Asher, Amsterdam, 1963)
LINNAEUS, C.: *Olandska och Gothlandska Resa...forr attad Ahr 1741*. Stockholm, 1745 (Englische Übersetzung von Maria Asberg und W.T. Stearn in Biological Journal, Linnean Soc. 5: 1-107. 1973)
LUER, C. A.: *The native Orchids of the United States and Canada, excluding Florida*. New York, 1975
NICHOLLS, W. H.: *Orchids of Australia*. Melbourne, 1969
NILSSON, S.: *Orchids of Northern Europe*. Harmondsworth, Middlesex 1979
SUMMERHAYES, V. S.: *Wild Orchids of Britain*. London, 1951
VEITCH, J. & SONS: *A Manual of Orchidaceous Plants*. London, 1887-94 (in 10 Teilen)
WOOLCOCK, C.; WOOLCOCK, D.: *Australian terrestrial Orchids*. Melbourne, 1984

Register